Hans Egidius
Das Schwarze Brack –
eine Region behauptet sich gegen Naturgewalten

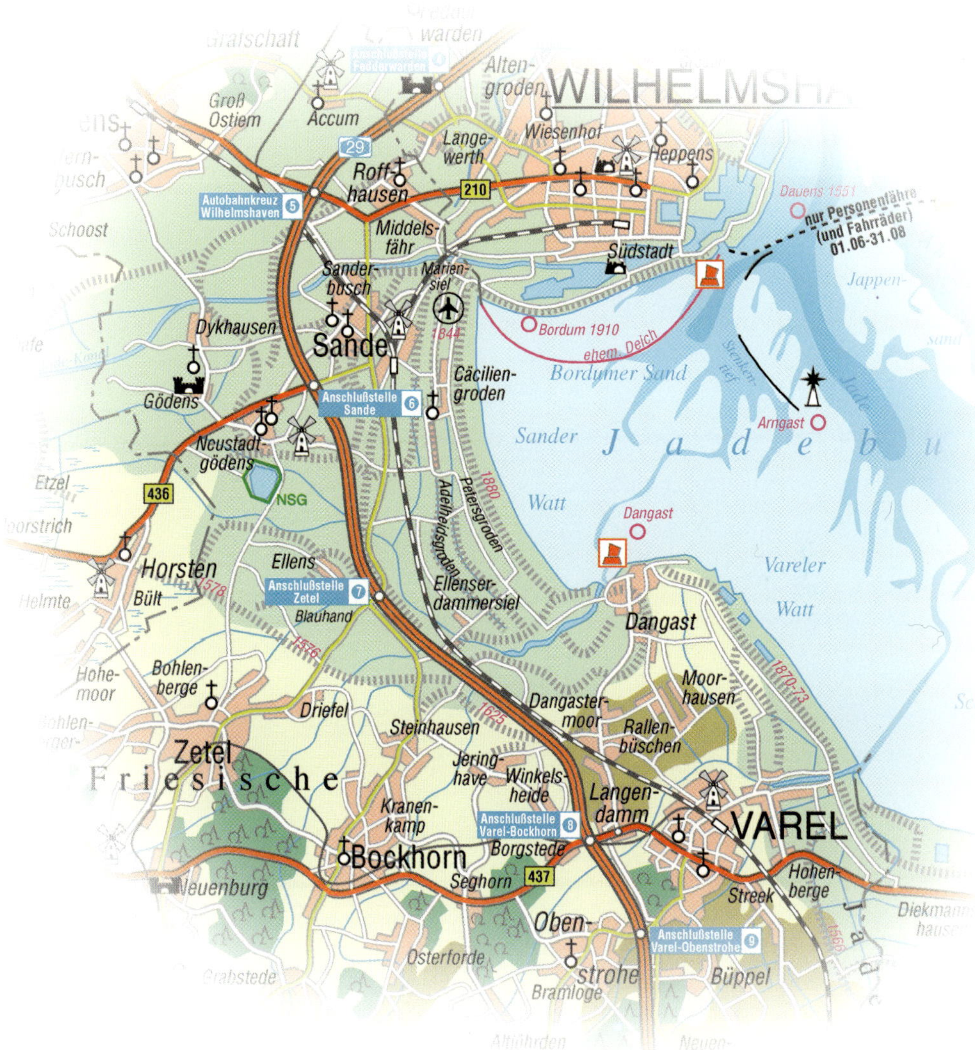

Auszug aus der Heimatkarte Ostfriesland von CCV

Hans Egidius

Das Schwarze Brack – eine Region behauptet sich gegen Naturgewalten

Die geographische und historische Entwicklung des westlichen Jadebusens von Mariensiel bis Varel

Centrum Cartographie Verlag Varel

Wiefelsteder Straße 59, 26316 Varel
Gesamtherstellung: CCV Centrum Cartographie Verlag GmbH, Varel

Printed in Germany 1999
ISBN 3-934606-00-8

Inhaltsverzeichnis

Das farbige Umschlagbild zeigt einen reproduzierten Teilausschnitt aus dieser Karte.
Autor: Laurentius Michaelis, Oldenburg Comitatus, entworfen um 1584.

Vorwort

Das Buch mit dem Titel »Das Schwarze Brack« behandelt die geographische und historische Entwicklung des westlichen Jadeeinbruches unter Einbeziehung der damaligen Verhältnisse bis in die Neuzeit. Berücksichtigt wurden dabei auch die an der Westseite des Jadebusens gelegenen Kirchspiele und Dörfer von Mariensiel bis Varel, weil die aus Chroniken schriftlich überlieferte Siedlungsgeschichte der Küstenorte besonders eng mit den naturgeschichtlichen Ereignissen der Jadebusenentstehung verbunden war.

Vorangestellt ist der Historie eine Abhandlung über das Deichrecht, das im sogenannten »Asegabuch« – eine Sammlung friesischer Rechtssatzungen in altfriesischer Sprache – enthalten ist. Die ältesten Überlieferungen stammen aus dem 11. Jahrhundert und bestehen aus 52 handbeschriebenen Pergamentblättern, die im Niedersächsischen Staatsarchiv Oldenburg archiviert sind.

Wegen ihrer immensen Bedeutung sowohl für die geographische als auch die gesellschaftliche Entwicklung des Gebietes um den Jadebusen werden in dem Buch auch die aus Niederschriften bekannten Orkan- und Sturmfluten mit ihren verheerenden Auswirkungen beschrieben. Die registrierten Naturkatastrophen, erfaßt sind die Fluten vom frühen Mittelalter (838) bis in die Neuzeit (1962), brachten den Küstenbewohnern viel Leid und Elend. Im ständigen Kampf mit dem »Blanken Hans« gelang es den Siedlern im Verlaufe der Jahrhunderte, das vom Salzwasser überschwemmte Land durch planvolle Eindeichungsmaßnahmen wieder zurückzugewinnen. Dabei spielten die Dörfer Mariensiel, Sande, Seediek, Gödens und Neustadtgödens sowie Ellenserdammersiel historisch bedeutsame Rollen, die in der vorliegenden Schrift geschildert werden. Auch die Friesische Wehde mit den Orten Bockhorn und Steinhausen, Zetel und Driefel, Neuenburg und Schweinebrück sowie der Petershörner Siel mit seinen damaligen Aufgaben werden wegen der geschichtlichen Bedeutung erwähnt. Selbst der Ort Dangast, ursprünglich eine alte Bauernschaft und erst im späten Mittelalter als Fischerdorf bekannt, wird neben der alten Herrlichkeit Varel im Buch abgehandelt.

26316 Varel, im September 1999

Hans Egidius

Das Deichrecht

Nach heute gültigen Erkenntnissen ist ein Deich ein aus Erde errichteter Damm zum Schutz gegen Überflutungen in unterschiedlicher Breiten- und Höhenstruktur. Seit Menschengedenken versuchen die Küstenbewohner, sich mit dem Bau von Erdwällen (Warfen und Wurten) gegen auflaufendes Hochwasser, bedingt durch Sturm- und Orkanfluten, zu schützen. Nicht immer gelang es den Menschen, mit den errichteten Schutzdämmen den Wasserfluten zu trotzen, denn die verheerenden Auswirkungen der heute bekannten Jahrhundertsturmfluten – sie werden im nächsten Kapitel beschrieben – beweisen oft genug das Gegenteil. Deshalb soll an dieser Stelle auch auf das friesische Deichrecht eingegangen werden, das seinen Ursprung im Asegabuch des 11. Jahrhunderts hatte.

In der Sammlung friesischer Rechtssatzungen in altfriesischer Sprache wird erstmalig vom einheitlichen Land- und Deichrecht gesprochen. Unter anderem heißt es dort wörtlich: *„Das ist auch Landrecht, daß wir Friesen eine Seeburg (Deich) stiften und stärken müssen, einen goldenen Ring, der um ganz Friesland liegt; an dem soll jede Ruthe (1 Oldenburgische Rute = 10 Fuß) ebenso so hoch wie die andere sein, dort, wo die salzene See sowohl bei Tag als bei Nacht anschwillt. Dort sollen zunächst dem Meere und der am meisten landeinwärts Wohnende zur Unterhaltung des Weges verpflichtet sein, damit der Weg im Winter und Sommer mit Pferd und Wagen so zu befahren ist, daß der eine Wagen an dem anderen vorbeikommen kann. Hat er dann außerhalb des Deiches so viel feste Erde und grüne Wiese, daß er damit die Deichbasis instandhalten kann, so hat er innerhalb des Deiches einen Anspruch auf dreißig Faden (1 Faden = 6 Fuß) für die Gras- und Heugewinnung. Zur See hin sollen Friesen unser Land schützen mit drei Geräten, mit dem Spaten, mit der Karre und mit der Gabel.“*

Dieser unvollständig zitierten Rechtssatzung ist zu entnehmen, daß das Deichrecht einheitlich organisiert werden sollte. Darüber hinaus hatten die Rechtssatzungen ein erstes Gemeinschaftsgefühl bei den Küstenanwohnern, eine Solidarität gegen die ständige Bedrohung durch den „Blanken Hans“ entstehen lassen. Mit dem wiedergegebenen „goldenen Ring“ meinten die Friesen einen größeren „Ringdeich“, errichtet durch eine größere Anzahl von Menschen aus den umliegenden Bauerschaften und Kirchspielen. Der Historiker Carl Woebcken zitiert in seinen Werken als Träger solcher Bau- und Unterhaltungsmaßnahmen an Deichen in diesem Zusammenhang den Begriff der Hundertschaft, ein begrenztes Gebiet mit den dort wohnenden Siedlern der damaligen Zeit. Im mittelalterlichen Deichrecht ist dann bereits die Rede von Genossenschaften, den späteren Deichachten. Hieraus entstanden die heute bekannten Deichbände, die für die Unterhaltung und Instandsetzung der Seedeiche an den Küsten verantwortlich sind. Doch zurück zu den Anfängen, denn die Rüstringer Rechtssatzungen beinhalteten noch weitere Regelungen. Offen wird darin gegen jede Fremdherrschaft Front gemacht, denn da steht geschrieben: *„Wir sollen unser Land schützen mit dem Schwert und dem Speer und dem braunen Schild gegen den hohen Helm und dem roten Schild und die ungerechte Herrschaft.“* In den Sätzen offenbart sich der Wille und die Verpflichtung der Friesen, ihre Freiheit gegen jede Fremdherrschaft mit Waffe und Schild zu verteidigen.

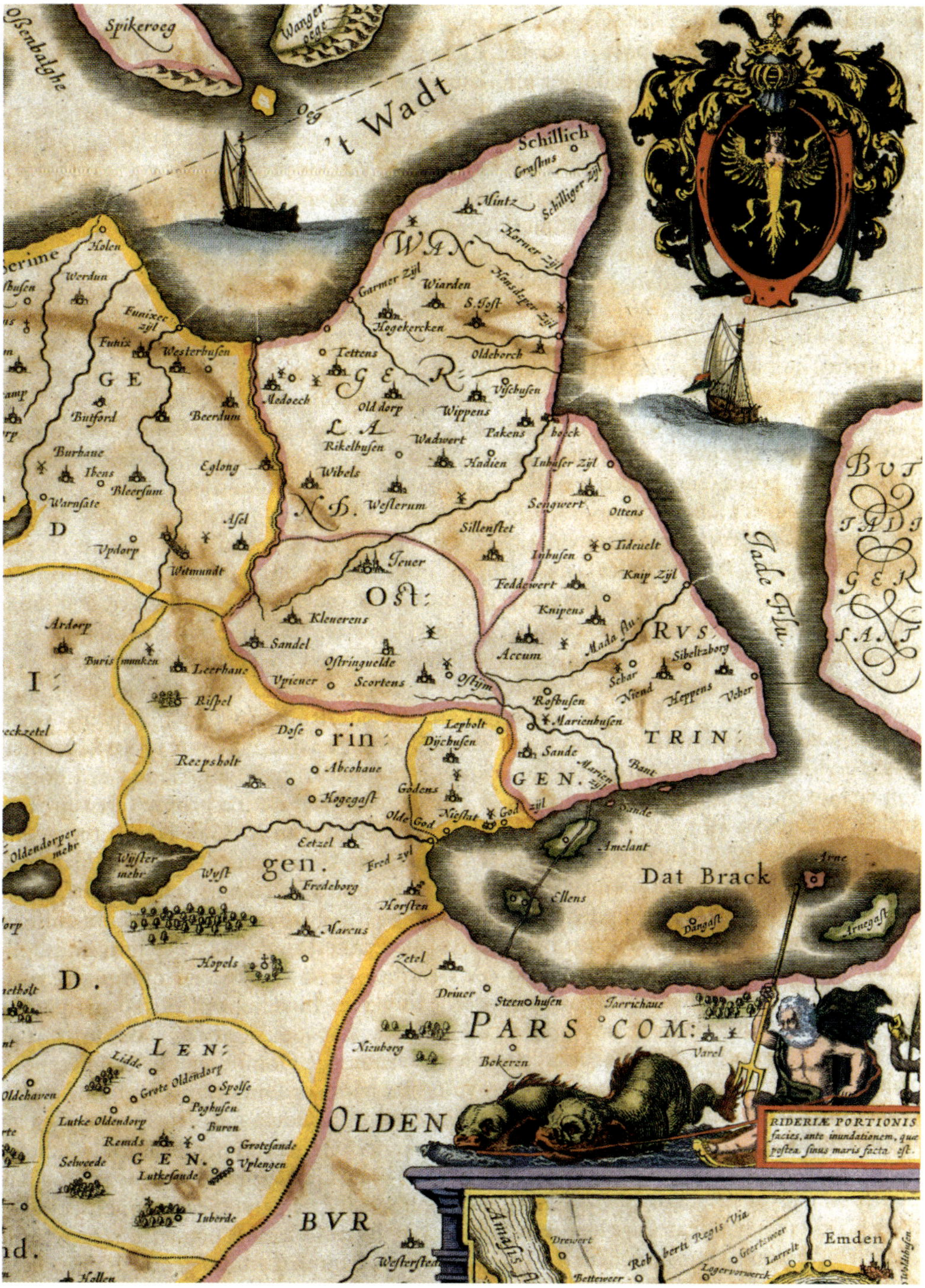

Typus Frisia Orientalis – handkolorierter Nachstich in Kupfer der Ubbo-Emmius-Karte, herausgegeben durch Verlag Blaeu 1662, Originalgröße 48,3 x 37,7 cm.

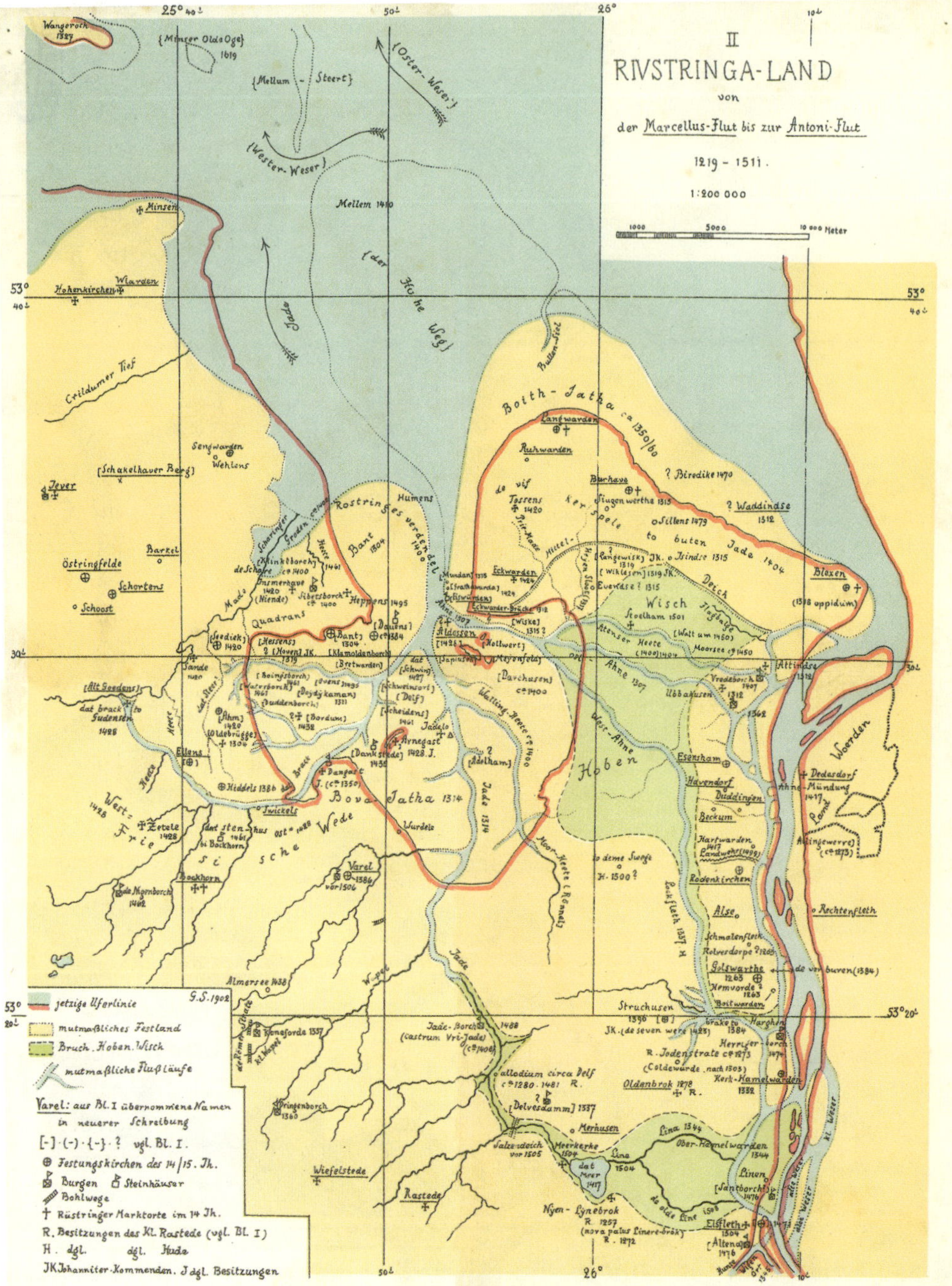

Die Karte „Riustringer-Land von der Marcellus-Flut bis zur Antoni-Flut 1219/1511“ von Georg Sello aus dem Jahre 1902 besticht durch die genauen Einzeichnungen der tidenabhängigen Wasserläufe, Festungskirchen, Burgen, Steinhäuser und der Rüstringer Marktorte im 14. Jahrhundert, Reproduktion nach einem Steindruck (Lithographie).

Der Begriff „Spatenrecht“ geht ebenfalls auf von genossenschaftlichem Wesen geprägte Rechtsbegriffe zurück. Das Gerät diente als Symbol für den Austritt oder Ausschluß von Genossen aus dem Deichverband. Die für den Menschen lebenswichtigen Bestimmungen und Regelungen waren hart, aber notwendig. Für die Küstenbewohner bedeutete das Spatenrecht eine erhebliche Belastung, die nicht selten zum Ruin von Kleinbetrieben führte. Nicht nur die Sturmfluten, auch Wind und Wetter, tierische Schädlinge wie Bisame und der Verkehr auf den Deichen durch Fußgänger, Reiter und Pferdefuhrwerke gefährdeten die Sturmflutdämme. Jedes Mitglied der Deichgenossenschaft hatte für Schäden in seinem Deichabschnitt aufzukommen. Konnte der Betroffene nicht für Abhilfe sorgen, versuchte man im Rahmen der damals üblichen Nothilfe Arbeitskräfte und Unterstützung bei anderen Kirchspielen zu finden.

Wenn Mitglieder die weiteren Arbeiten wie das Herankarren von Erde aus dem Deichvorland, das Besticken (Größen- und Höhennormen einhalten) und Besoden (Abdecken mit Grasplaggen) in der verlangten Art und Weise nicht bewältigen konnten, wurden sie aus der Deichgenossenschaft ausgeschlossen. Sie mußten dann demjenigen ihr Land überlassen, der die Arbeiten an ihrer Stelle zu übernehmen hatte oder übernehmen wollte. Hierzu findet sich in den Deichrechtssatzungen folgende Regelung: *„Wenn jemand dermaßen schlechte Deiche hat, daß er vermutet, dieselben mit seinen eigenen Gütern nicht machen zu können, und lieber das Land, wovon der Deich gemacht werden muß, nebst dem Deich übergeben will, so soll er vor den Deichrichtern und der ganzen Gemeinde auf den Deich gehen, einen Spaten auf den Deich setzen, drei Rasen mit dem Spaten ausgraben und schwören, daß er denselben Deich, welcher auf seinem Lande liegt, nicht länger erhalten könne. Alsdann mögen sechs seiner nächsten Blutsverwandten, sofern sie vorhanden sind, das Land mit seinen beweglichen Gütern an und zu sich nehmen. Findet sich aber niemand von seinen nächsten Freunden, der den Deich mit dem Lande abnehmen will, allsdann mag die Obrigkeit, unter welchen der Mann gewesen ist, den Deich mit dem Lande abnehmen, auf das den Gemeinen Friesen dadurch kein weiterer Schade geschehe. Und dieses ist auch dem geschriebenen Landrecht gemäß.“*

Im Oldenburger Gebiet wurde das Spatenrecht zum letzten Male 1746 in der Nähe des Kirchspiels Heppens praktiziert. Damals hatten sich drei Deichgenossen geweigert, die auf sie entfallenden Kosten für eine neue Holzung zu tragen und traten das Land ab. Mit dem Spaten wurden wie üblich drei Grassoden ausgestochen. Danach leisteten die Männer den „Unvermögenseid“ auf dem Deich, und da weder Verwandte noch Freunde das deichpflichtige Land mitsamt den Lasten übernehmen wollten, fiel aller Grundbesitz dem Landesherren zu.

Weitere wertvolle Hinweise über das Deichwesen sind im Landrecht von 1746 enthalten. Dort wird ausführlich auf das alte ostfriesische Deich- und Sielrecht eingegangen, das bis in das 15. Jahrhundert Gültigkeit besaß. Von landesherrlichen Befugnissen, die später immer wieder auftraten, ist dort noch nicht die Rede. Als Deichverbände galten die Kirchspiele, die auch die Lasten der Deichunterhaltung zu tragen hatten. Ebenso besaßen die Kirchspiele das Recht, in Gegenwart aller Streitenden in Sachen Deichrecht zu verhandeln und zu entscheiden. In diese von Selbstregelung geprägte Demokratie mischte sich schon bald der amtlich bestellte „Amtmann“, ein gräflicher Beamter, ein. Zuerst in überwachender Funktion tätig, entstand daraus wenig später eine Art Exekutivgewalt für den jeweiligen Landesherren. Der Beamte traf Entscheidungen, und die Grund- und Bodenbesitzer hatten in Angelegenheiten des Deichrechtes seinen Anordnungen Folge zu leisten. Lediglich im 17. Jahrhundert, bedingt durch die damals erlassene Oldenburgische Deichordnung, räumte man Eingesessenen der Vogteien einen gewissen Einfluß hinsichtlich der alten Deichrechte ein. Jedes Kirchspiel stellte damals drei Geschworene, die aber keine beschließenden Rechte besaßen. Ihnen wurde nur ein bescheidenes Mitwirkungsrecht beim Deich- und Sielbau (Entwässerung) zugestanden. Aus der von den Friesen gegründeten Selbstverwaltung war ein landeshoheitlicher Deichband entstanden, der den Untertanen weiterhin erhebliche Mittel für den Deich- und Sielbau abverlangte. Diese bekannte Tatsache veranlaßte Hermann Allmers, bereits 1896 eine Arbeit mit dem Titel „Die Unfreiheit der Friesen zwischen Weser und Jade“ zu schreiben und zu veröffentlichen.

Später entstand aus den bisherigen ostfriesischen, friesischen und oldenburgischen sowie anderen Deichsatzungen ein einheitliches Deichrecht, nämlich das Niedersächsische Deichgesetz. Es trat am 1. März 1963 in Kraft; die Erfahrungen der Orkanflut von 1962 sind für die neuen Deichrichtwerte zugrunde gelegt worden.

Nach dem Gesetz sind die Eigentümer aller im Schutz der Deiche gelegenen Grundstücke zur Deicherhaltung verpflichtet. Sie sind in den Deichverbänden zusammengeschlossen, die als Träger der Deicherhaltung Haupt- und Hochwasserdeiche erhalten. Die Deichaufsicht obliegt der Oberen Deichbehörde (Bezirksregierung) für Deiche, zu deren Erhaltung die Bundesrepublik Deutschland oder das Land verpflichtet ist, während die Untere Deichbehörde (Landkreise und kreisfreie Städte) sicherzustellen hat, daß die Deichverbände ihre Aufgaben erfüllen. Die Kosten der Deicherhaltung tragen die Deichverbände, die über das Gesetz der Wasser- und Bodenverbände eine Beitragslast festsetzen.

Die Abbildung veranschaulicht die Naturgewalten und das Elend der Bevölkerung bei der Weihnachtsflut von 1717. Ausschnitt aus der „Wasser-Flutt"-Karte von ca. 1720 des Verlages J.B. Homann, Nürnberg

Die Chronik der Jahrhundertsturmfluten

Aus der geschichts- und heimatkundlichen Literatur – hierzu zählen beispielsweise Werke der Chronisten Hermann Hamelmann (1525–1595), Johann Winkelmann (1620–1674), Friedrich Arends (1782–1861), Georg Sello (1850–1926) und Carl Woebcken (1878–1965) – ist überliefert, daß die erste mit Datum genannte Sturmflut am 26. Dezember 838 registriert wurde. Woebcken kennzeichnet eine Sturmflut mit *„außergewöhnlich hohem Wasserstand auf weiten Küstenstrecken, starker Beschädigung an Deichen, Verlust an Mensch und Vieh, Ausdeichungen und Landverlust"*.

Die Julianenflut vom 17. Februar 1164 hat nach zeitgenössischen Unterlagen (Chronik des Klosters Wittewierum bei Groningen in lateinischer Sprache – im 13. Jahrhundert aufgezeichnet), Oldenburgische Chronik (Hamelmann, Oldenburg 1599), Chronik von Ostfriesland (Benninga, Emden 1723), Der Jeversche Deichband (Tenge, Jever 1884) in mehreren Gebieten an der Nordseeküste schwere Schäden verursacht. Viele Menschen ertranken in der Orkanflut. Nach Aufzeichnungen des Pastors und Heimatforschers Carl Woebcken ist mit dieser Flut der Einbruch zwischen den heutigen Orten Wilhelmshaven und Eckwarderhörne, damals Dauens und Hummens, geschaffen worden, der bis nach Dangast reichte. Andere Heimatkundler wiesen nach, daß mit diesem Wassereinbruch die Entstehung des Jadebusens ihren Anfang nahm. Überliefert ist dazu folgender Text: *„In jenen Tagen, brach im Monat Februar, und zwar am 17., ein großes Unwetter mit heftigen Stürmen, grellen Blitzen und krachendem Donner los, das weit und breit viele Häuser in Brand setzte oder zerstörte. Überdies entstand eine Meeresflut so groß, wie sie seit alters unerhört war. Sie überschwemmte das ganze Küstengebiet in Friesland und Hadeln sowie das ganze Marschenland an Elbe, Weser und allen Flüssen, die in den Ozean münden. Wie viele reiche, wie viele Mächtige saßen am Abend noch, schwelgten im Vergnügen und fürchteten kein Unheil, da aber kam plötzlich das Verderben und stürzte sie alle ins Meer."*

Zwei weitere Sturmfluten, sie erhielten beide den Namen „Marcellusflut", sind aus alten Schriften und Chroniken bekannt. Der Historiker Georg Sello nennt die erste Marcellusflut mit dem Datum des 16. Januar 1219. Er glaubte auch, daß eben diese Flut den Jadebuseneinbruch vorbereitete. Es war eine sogenannte Springflut, denn das hochaufgelaufene Wasser lief bei Ebbe nicht wieder ab. Obwohl schon Deichbauten bestanden, liefen die Wassermassen in das Land und zerstörten viele Ansiedlungen, zahlreiche Menschen und Haustiere kamen um.

Die Luciaflut, datiert auf den 14. Dezember 1287, wird unter anderem in einer niederländischen Chronik erwähnt, ist aber außerdem in der Geschichte des Klosters Rastede angeführt. Die Übersetzung aus der niederländischen Quelle hat folgenden Wortlaut: *„Im Gnadenjahre 1287 am 14. Dezember war über Friesland eine Sturmflut, die Menschen, Vieh und Güter in Gefahr brachte und für die Zukunft im Gedächtnis bleiben wird. Das Wasser strömte die ganze Nacht vom Abend bis zum Morgen über die Deiche, und alle, die nicht auf hohen Stellen wohnten, wurden mit den Häusern, dem Getreide und*

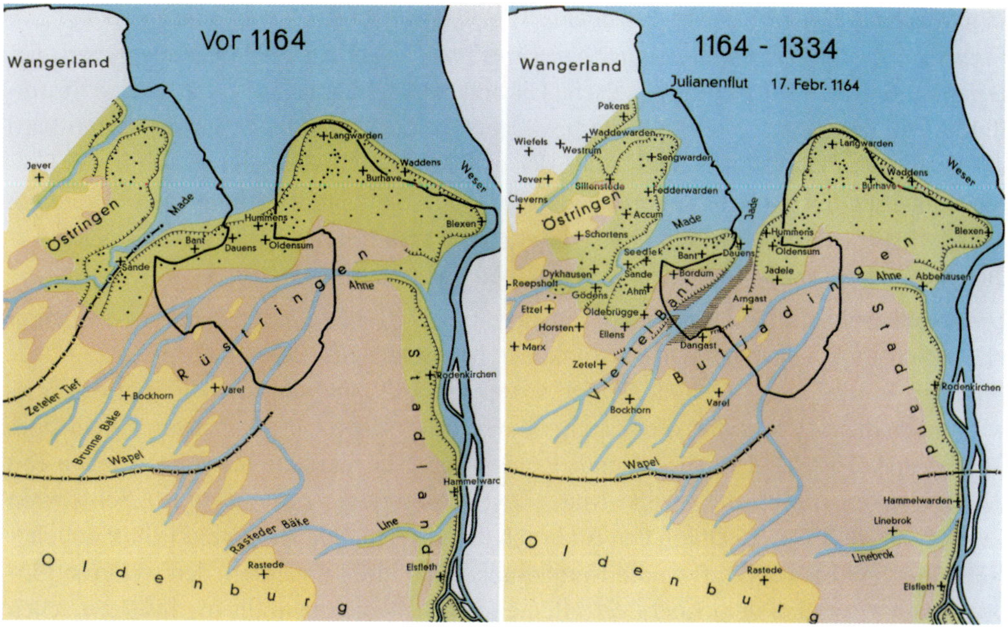

Die Abbildungen verdeutlichen die durch mehrere Sturmfluten verursachten geographischen Veränderungen in den Jahren 1164 bis 1334. Noch vor dem Jahr 1164 (links) bestimmte die Ausweitung der Maade-Bucht die Küstensituation. Danach entstand durch die Julianenflut vom 17. Februar 1164 (rechts) zwischen Hummens und Dauens der erste größere Jadeeinbruch. Reproduktionen nach der Karte „Geschichte des Jadebusens" von Georg Sello, Carl Woebcken, Heinrich Schütte und Wilhelm Krüger.

Heu in das tiefe Land geschwemmt. Eine Anzahl Steinhäuser stürzte ein und in den Mooren wurden Grundstücke vom Wasser hochgehoben und trieben ab. Ungehindert ging die Flut über das Land hinweg." Abschließend wird berichtet, daß 30.000 Menschen in den Niederlanden und 20.000 Menschen an der Ems ertrunken sind. In der Rasteder Klostergeschichte heißt es wörtlich: *„Nach seinem Tode* (die Rede ist von Graf Christian, der nach Literaturangaben 1285 starb) *entstand durch Wirbelstürme eine solche Überschwemmung, daß die salzigen Meereswogen alle Deiche Frieslands und Stedingens überfluteten, und dieses geschah um den Lucientag. Es sollen in Westfriesland, in dieser Sturmflut Tausende und Abertausende von Menschen beiderlei Geschlechtes ertrunken sein."*

Die Clemensflut vom 23. November des Jahres 1334 sorgte nach Carl Woebcken dafür, daß aus dem bisherigen Gatt (Öffnung) der Meerbusen entstand. Der Heimatkundler überliefert aus einer Utrechter Bischofschronik folgende Situationsschilderung: *„Im Jahre unseres Herrn 1334 im Monat November auf St. Clemens Tag stieg das Seewasser so hoch, daß es über alle Deiche ging. Es stürmte, donnerte und blitzte, und viele Bee-*

ster (Rindvieh) und Menschen ertranken. Viele Dörfer an der See gingen zu Grunde, in Flandern, Zeeland, Holland und auch in Friesland." Nach anderen Quellen (Jeverscher Deichband, Tenge 1884/Oldenburgische Chronik, Hamelmann 1599), war es eine Sturmflut, die an der ganzen Nordseeküste bis über Sylt hinaus *„wütete"*. Für Friesland wird der Verlust von Dörfern bestätigt. Auch der östliche Teil von Rüstringen soll in der Clemensflut endgültig *„entzwei gebrochen"* sein. Nach dem damit verbundenen Untergang der Kirchspiele (Bauerschaften/Orte/Dörfer) Eckwarderbrügge, Arngast und Jadeleh war die Herrlichkeit Varel praktisch von Butjadingen getrennt.

Die zweite Marcellusflut lief am 16. Januar 1362 als *„große Flut"* auf und wird noch in vielen Schriften wegen der darin ertrunkenen Menschen als *„de grode Mandränke"* bezeichnet. Remmer von Seediek schrieb später um 1520 mehrere Artikel über die Auswirkungen dieser Orkanflut, die fast alle in der „Jeverschen Chronik" nachzulesen sind. Sicher ist, daß das bis dahin bestehende Rinnen- und Baljensystem im südwestlichen Teil des Jadebusens durch die zweite Marcellusflut von 1362 zum späteren „Schwarzen Brack" erweitert wurde. Durch den Einbruch der sogenannten Heete, ein früher üblicher Name für einen Wasserlauf, wurde Budjadingen eine Insel, und durch den weiteren Einbruch von Ahne und dem Lockfleet bildete sich Stadland ebenfalls als Insel zwischen Weser und Jadebusen aus. Nachrichten aus jener Zeit lassen wissen, daß bei der gewaltigen Wasserflut insgesamt fünfzig Kirchen aufgegeben und damit später ausgedeicht wurden.

Recht spärlich sind die heute noch vorhandenen Quellen über die Dionysosfluten vom 9. Oktober 1374 und vom 16. November 1377. Aus den Annalen von Woebcken und Sello ist nur bekannt, daß die zweite Orkanflut des Jahres 1377 schwere Schäden an der Nordsee und Weser verursachte. Ebenso verhält es sich mit der sogenannten Elisabethflut, datiert auf den 18. November 1421. Es ist nur von *„Schäden an der gesamten Nordseeküste"* die Rede.

Die sogenannte Cosmas- und Damianflut vom 26. September 1509, ebenfalls nach Namenstagen von Kirchenheiligen benannt, setzte am Vorabend von St. Cosmas und Damian ein. Sie ist nach Angaben der Heimatkundler die verheerendste Orkanflut im Mittelalter gewesen. Dazu gibt es zahlreiche Abhandlungen und Überlieferungen. Unter anderem schrieb Remmer von Seediek darüber in der „Jeverschen Chronik" (1520) folgendes: *„Im Jahre 1509, am Tage des Cosmas und Damian, ging eine große Flut in allen Niederlanden. Sie verdarb viele Deiche in Östringen und im Wangerland und besonders in Rüstringen. Dort brachen große Kolke ein, und die Deiche zerbrachen jämmerlich, so daß Junker Edo* (Edo Wiemken d. J., Häuptling von Jever) *mit Land und Leuten zwei Jahre lang genug zu tun hatte, ehe die Deiche wiederhergestellt waren.*" Die vom Jeverschen Rentmeister beschriebene Wiederherstellung der Rüstringer Deiche gelang nicht, denn 1510 überflutete eine neue Sturmflut das Land und zerstörte die neuen beziehungsweise instandgesetzten Schutzdämme gegen die See. Die Flut durchtrennte die Landzunge von Nesse und schuf damit der Ems ein neues Bett, was in der Folgezeit die Verschlickung des Emder Hafens bedeutete. Alles in allem vergrößerte die Sturmflut den

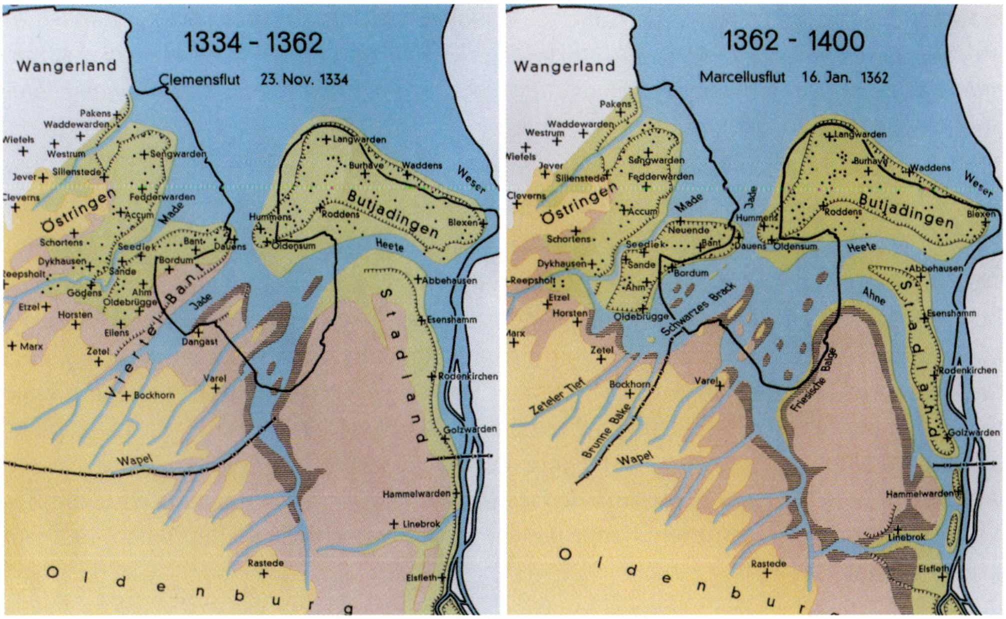

Durch die Clemensflut vom 23. November 1334 (links) sind die bereits vorhandenen Jadeeinbrüche bis an die Friesische Wehde und die Wapelniederung im Süden erweitert worden. Butjadingen ist über die Jade-, Heete- und Weserverbindung praktisch vom Festland abgetrennt worden. Die Marcellusflut vom 16. Januar 1362 (rechts) sorgte für die westliche Erweiterung des westlichen Jadebusens, das Schwarze Brack war entstanden. Reproduktionen nach der Karte „Geschichte des Jadebusens“ von Georg Sello, Carl Woebcken, Heinrich Schütte und Wilhelm Krüger.

Dollart und den Jadebusen beträchtlich, wobei viel Land durch das Salzwasser *„verdorben“* wurde.

Ebenso stammen die Nachrichten über die Antoni- oder Eisflut vom 17. Januar 1511 aus der Jeverschen Chronik und den Annalen des Remmer von Seediek. Carl Woebcken zitiert in seinem Büchlein über die Entstehung des Jadebusens aus dem Jahre 1934 folgendes: *„Im Jahre 1511 auf St. Antoni Nacht ist mit gewaltigem Sturmwind eine sehr hohe Flut aufgelaufen, so daß das Eis seine Macht vollbringen konnte, und hat die Deiche in Rüstringen wieder weggenommen. Es ist so großes Wasser gewesen, daß die Häuser vom Eis niedergeworfen sind, und die Leute sind auf dem Dach sitzengeblieben. Einige haben sich gerettet und das Leben behalten, viele aber sind mit dem Eis weggetrieben und jämmerlich ertrunken. Kleine Kinder sind mit der Wiege weggetrieben. Auch die Beester sind meist ertrunken und umgekommen.*

Also ist das Rüstringer Land von Gott vernichtet. Die meisten mußten aus dem Lande ziehen, ins Butjadingerland oder wo ein jeder seine Kost kriegen mochte. Die Deiche und die Kirchdörfer waren zum Teil noch in der großen Flut bestehen geblieben und blieben noch etliche Jahre bestehen. Aber durch die eingebrochenen Wehlen (Kolke) flutete das Wasser ein und aus, und das Land lief voll. Zu der Zeit sind folgende Kirchen und Kirchspiele noch in Ehren gewesen: Sande, Seediek, Ahm, Oldebrügge, Havermonnikenkloster, Heppens und Neuende.“

Weil Bant und Bordum nicht mit aufgezählt wurden, zogen viele Heimatkundler daraus den Schluß, daß die genannten Kirchspiele bereits *„als von den Fluten vernichtet“* galten.

Als Edo Wiemken d. J. am 19. April 1511 verstarb, erlitt die Deichbauarbeit einen herben Rückschlag, denn mit dem Junker fehlte die *„treibende Kraft“* bei der Wiederherstellung der Deiche. Die anderen Häuptlinge, als Regenten kurzfristig eingesetzt, hatten nur den eigenen Vorteil im Auge. Die Folge: Das Land Rüstringen blieb 18 Jahre ohne ausreichenden Deichschutz. 1529 mußten die Kirchspiele Bant, Bordum, Seediek, Oberahm und Oldebrügge endgültig aufgegeben und ausgedeicht werden. Die Dörfer hatten zu lange ungeschützt den Wassermassen standhalten müssen. Noch lange zehrte die Bevölkerung von den zerstörten Kirchspielen, rettete verschiedene Baumaterialien mit

Weitere Sturm- und Orkanfluten veränderten im Zeitablauf unter Einwirkung von Ebbe und Flut die Formenstruktur der Jadebucht. Neben Butjadingen im Nordosten entstand im Nordwesten eine weitere Insel (links) mit vielen vom Festland abgetrennten Kirchspielen. Die Antoni- und Eisflut vom 17. Januar 1511 (rechts) vergrößerte das Schwarze Brack bis an die Grenzen von Ostfriesland. Im Süden gelangten die Wassermassen ungehindert bis an das Kirchspiel Varel. Reproduktionen nach der Karte „Geschichte des Jadebusens“ von Georg Sello, Carl Woebcken, Heinrich Schütte und Wilhelm Krüger.

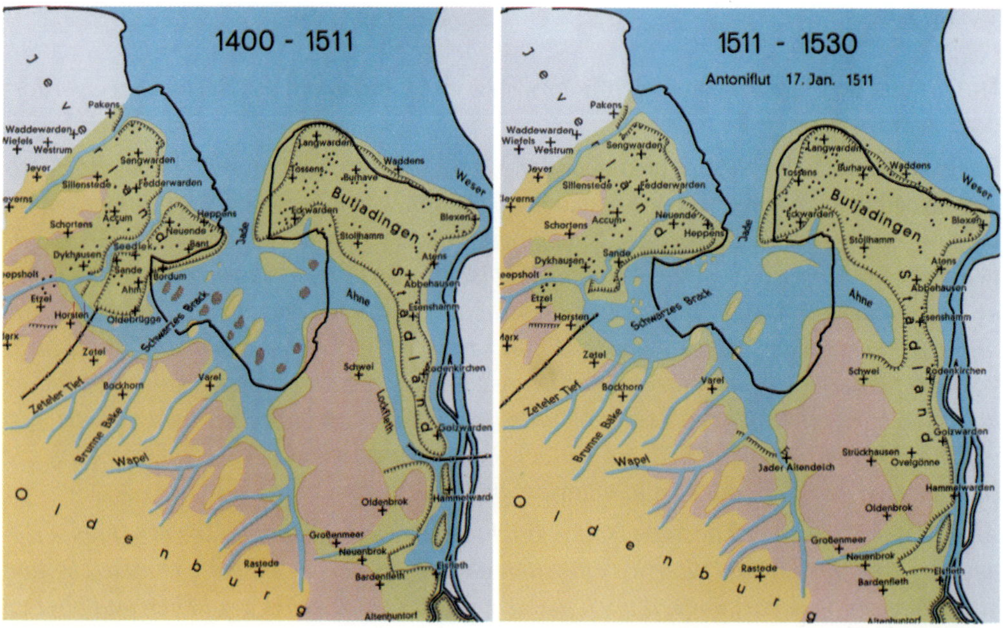

Pferd und Wagen sowie Booten und Schiffen. Bordumer Kirchsteine gelangten sogar nach Oldenburg, wo sie Verwendung beim Bau der Lamberti-Kirche fanden.

Wenig überliefert ist von der Allerheiligenflut vom 31. Oktober 1532. Lapidar heißt es dazu in einem Dokument: *„Schäden an der gesamten Nordseeküste vom Ärmelkanal bis Jütland."* Etwas mehr ist über die Allerheiligenflut vom 1. November 1570 nachzulesen: Im Wilhelmshavener Heimatlexikon heißt es dazu: *„Die Deiche an der Nordseeküste erwiesen sich während dieser Sturmflut als zu niedrig. Das Wasser überströmte sie an vielen Stellen und forderte zahlreiche Opfer. Vielfach stand das Wasser binnendeichs 3 Meter hoch. Der beim Kreuzelwerk 1520 aus den Kirchenbalken der Bordumer Kirche erbaute erste Kniphausersiel wurde völlig zerstört. In den Kirchspielen Heppens und Neuende ertranken 147, im Jeverland und in der Herrlichkeit von In- und Kniphausen rund 400 Menschen."* Fridrich Arends gibt in seinem Buch „Physische Geschichte der Nordseeküste", erschienen in Emden um 1833, die Menschenverluste an der Küste zwischen Seeland und Eiderstedt mit insgesamt 41.748 Personen an.

Als während des Dreißigjährigen Krieges die Ostfriesen von den Mansfelder Truppen ausgeplündert und aller Güter beraubt waren, kam zu allem Unglück noch die am 26. Februar 1625 auflaufende Fastnachtsflut hinzu, die an der gesamten Deutschen Bucht und an der ostfriesischen Küste große Schäden anrichtete. Die Not und das Elend der vom Krieg und der Flutkatastrophe *„geknechteten Bevölkerung"* ist oft beschrieben worden. Deshalb sollen an dieser Stelle nur die wichtigsten Fakten genannt werden:

Nach der geschichtlichen Überlieferung (Die größten Sturmfluten an der deutschen Nordseeküste bis zum Ausgang des Mittelalters, C. Woebcken, Hildesheim 1941) waren während der Flut die jeverländischen Deiche und Siele fast ganz zerstört worden. Unter anderen sind die Deiche von Schillig, Horumersiel, Wiardergroden und Dauensfeld zurückgenommen worden. Weggerissen wurde der Kniphauser Siel, zurück blieb ein tiefer und grosser Kolk. Der Siel ist nicht wieder aufgebaut worden, weil künftig über den Rüstringer Siel entwässert wurde. Im einzelnen wird in mehreren Chroniken ausführlich über die nach der Orkanflut erfolgten Ausdeichungen an Jade und Weser berichtet, viele Kirchspiele waren aufgrund der erlittenen Schäden während der Flut aufgegeben worden.

Die zweite „Mannestränke", eine Sturmflut vom 11. Oktober 1634, betraf die Jadebusenregion weniger als die vorherigen Orkanfluten. Sie verursachte große Schäden an der Westküste Schleswig-Holsteins. Große Teile der Nordfriesischen Inseln gingen unter.

Dagegen ist von der Weihnachtsflut, sie lief in der Nacht vom 24. auf den 25. Dezember 1717 auf, vieles in den Chroniken niedergeschrieben worden. Die Fluten dieser verheerenden Sturmflut verursachten schwere Schäden von der holländischen Küste bis nach Schleswig-Holstein. Deshalb wird nachfolgend an gesonderter Stelle die katastrophale Orkanflut im Winter des Jahres 1717 abgehandelt, zumal die Jaderegion nach urkundlich überlieferten zeitgenössischen Schriften *„besonders stark in Mitleidenschaft gezogen"* worden ist. Der friesische Reimvers: *„Allerheiligentag, Friesland wohl beklagen mag"* – gewidmet der Sturmflut vom 1. November 1570 – verlor angesichts der Weihnachtsflut an Bedeutung. Der Heiligabend 1717 war furchtbarer!

Dargestellt ist das Überschwemmungsgebiet der Weihnachtsflut von 1717.
Ausschnitt aus der „Wasser-Flutt"-Karte von ca. 1720 des Verlages J. B. Homann, Nürnberg

Am Heiligabend des Jahres 1717 blickten die Menschen mit sorgenvollen Gesichtern in den vom Mondlicht erhellten Nachthimmel. Der bisher aus Südwesten wehende Wind war umgeschlagen, nahm ständig an Heftigkeit zu und blies bald darauf aus nordwestlicher Richtung. Dunkle Wolkenfetzen vor sich hertreibend, verursachte der Orkan wenig später einen gewaltigen Wasserstau an den ostfriesischen und friesischen Küsten und im Jadebusen. Bereits fünf Stunden vor dem eigentlichen Hochwasserstand überfluteten die Wassermassen das ungeschützte Deichvorland. Höher und höher stieg das Wasser, dessen Wellen weiße, im Sturmwind verwehende Schaumkronen zeigte. Mit wachsender Kraft jagte der Orkan die Wassermassen gegen die ostfriesischen und friesischen Flachküsten.

Es kam, wie es kommen mußte. Die in der Vergangenheit stark vernachlässigten Deiche an der Gesamtküste hielten den herandrängenden Wassermassen nicht stand. Die Däm-

Dangaster Flutstein, der an die Fluthöhe der am 23. Dezember 1717 aufgelaufenen Orkanflut erinnert.

me zerbrachen unter dem Ansturm der Flut, tiefe Kolke entstanden, und die Überreste der Deiche wurden einfach vom Wasser fortgespült. Viele Menschen, im Schlaf von der Flut überrascht, flüchteten auf die Dächer, um wenig später dennoch im eisigen Wasser zu ertrinken. Häuser und Stallungen wurden unterspült, stürzten ein und versanken in der Flut. Siele zerbarsten unter dem Druck des Wassers, und selbst stärkere Bäume wurden entwurzelt und trieben davon. Brüllend vor Angst versuchte das Vieh dem Wasser zu entkommen. Vergeblich! Hunde, Schafe, Ziegen und Pferde sowie Rinder schwammen mit den gurgelnd dahinschießenden Wassermassen davon und ertranken. Kisten, Balken, Dielen, Möbel und Bauholz – vermischt mit entwurzeltem Buschwerk, Sträuchern und Bäumen – trieben im sturmgepeitschten Wasser. Immer noch drängten die Wassermassen in südlicher Richtung, immer noch blies der Sturm mit unverminderter Kraft.

Die Sturmflutkatastrophe, sie sollte später als sogenannte „Weihnachtsflut" die Liste der verheerenden Sturmfluten vervollständigen, brachte unermeßliches Leid über die Küstenbewohner. Während einige Menschen nach Berichten der damaligen Zeit die Sturmflutkatastrophe für ihre Zwecke nutzten, denn sie raubten und plünderten nach Piratenart, versuchten andere Menschen das im Wasser treibende Hab und Gut zu bergen, Verletzten zu helfen und bedrohtes Leben zu retten.

Bereits einige Tage nach der Weihnachtsflut – die gräfliche Obrigkeit hatte eine erschreckende Bilanz registrieren müssen – begannen die Aufräumungsarbeiten in den betroffenen Gebieten an der Küste. Eine Welle der Hilfsbereitschaft ging durch das Land. Von überall her rollten Pferdefuhrwerke, beladen mit Lebensmitteln, Petroleum, Werkzeugen und Geräte, in das Notstandsgebiet. Selbst aus der bremischen Hansestadt kam Hilfe, denn tonnenweise gelangte von dort Brot, Speck und Bier nach Friesland. Wenig später folgten Baumaterialien wie Holz und Steine, Rohstoffe wie Tücher und Wolle, Geräte und Handwerkszeuge. Mit kleinen Kähnen und Lastschiffen auf dem Seeweg, mit Pferdegespannen und Reiterbrigaden auf dem Lande gelangten die Hilfsgüter in die sturmflutgeschädigten Gebiete.

Über die Weihnachtsflut des Jahres 1717 sind viele zeitgenössische Berichte und Überlieferungen vorhanden. Als Beispiel sei hier die Schilderung des damaligen Sander Deichrichters Albert Tjarks wiedergegeben, der in einem Brief vom 30. Dezember 1717 an die Jeversche Regierung seine Erfahrungen und Eindrücke niedergeschrieben hat. Der Brief umfaßt zwei Seiten und ist im Original im Oldenburger Staatsarchiv erhalten. Wörtlich heißt es in dem Schreiben: *„Daß Euer Hochwohlgeboren bei meiner heutigen Ankunft allhier in Jever mir hochgnädigst beordert, wars mir von dem leider vorgewesenen harten Sturm und daher entstandener Schaden bewußt und teils mit meinen Augen selber in Obacht genommen gehorsamst schriftliche Relation abzulegen. Ich berichte gehorsamst, daß des Nachts zwischen 24sten und 25sten Dezember des Morgens ungefähr um fünf Uhr der Deichläufer von Mariensiel bei mir mit einem Pferd angekommen, meldet, daß das Wasser in dem alten Deich wäre, und ein mehreres davon besorgete, darauf ich mich sogleich mit meinem Gehülfen Johann Luiken Behrends zu Pferde setzt, selbigen soviel möglich zu conservieren.*

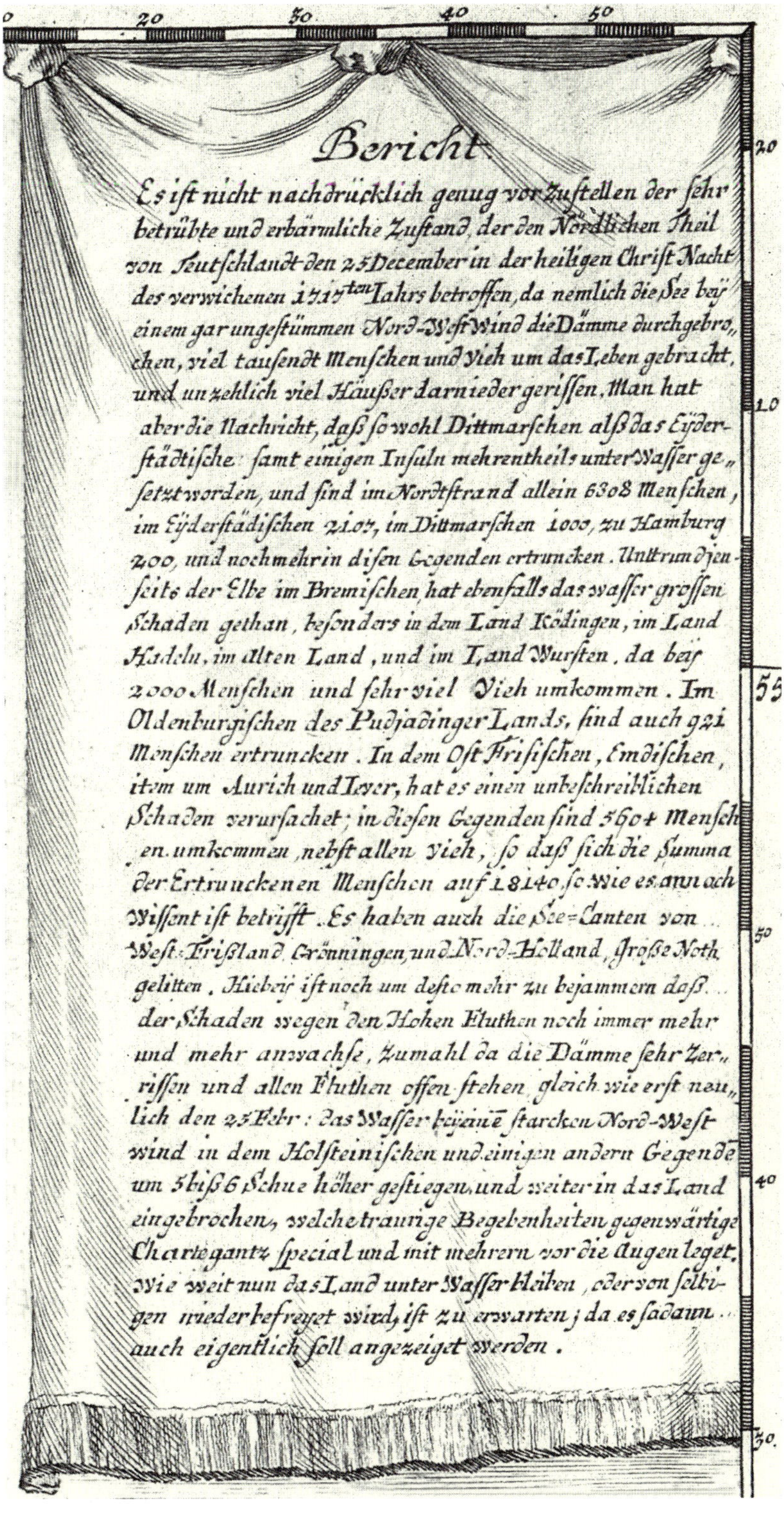

Bericht über die Weihnachtsflut von 1717. Ausschnitt aus der „Wasser-Flutt"-Karte von ca. 1720 des Verlages J.B. Homann, Nürnberg

Wie wir aber am Mitteldeich kamen, wurden wir von den Wellen dermaßen bezingelt, daß mit Leib und Lebensgefahr uns nach der sogenannten Hörn im Krughause reterieren, woselbst wir so lange bis zum 28sten abends verharren mußten. Am 29sten erhielten wir ein Boot,womit nach aller Möglichkeit die noch auf den Dächern sitzenden Leute ihr Leben retteten, und von Harm Marken Haus bis mit aufs Mariensiel ungefähr die 100 Menschen teils gar mit ihren Häusern weggespület, teils mit ihren Häusern Todt gefunden und jämmerlich umgekommen. Die Deiche anbelangend, so sind solche von Ellenserdamm sowohl neue als auch alte teils gar im Grunde bis Meifeld weggespület, teils zerrissen und in einem miserablen Zustand gesetzt worden. Der Mariensiel ist ganz aus und weggerissen, aufem Siel sind verschiedene Häuser, auch das Waagehaus mit Zubehör ganz weggerissen, daß davon nicht das geringste zu sehen. Von da habe ich mich auch nach Rüstersiel begeben und die sämtlichen Deiche leider in dem Stand wie jetzt erwähnet vorgefunden, der Rüstringer Siel ist sehr entblößet und abgestellet, auch beim Norderflügel einen Kolk gerissen, Häuser daselbst sind teils gar weggespület, teils aber sehr beschädigt, aus diesem und nächstdran liegenden Kniphausersiel mangelten bei die 70 Personen, so teils mit ihren Häusern weggerissen und teils tot gefunden wurden. In Neuender und Sandumer Kirchspiel hat man leider wenig Menschen und Vieh vorgefunden, weil man durchgehend alle Häuser von Wanden und Mauern dermaßen beschädigt, daß man durchsehen könnte.

Auf dem Rüstersiel vernahm man, daß bei der Flut eine große Menge toter Körper angekommen. Vom Rüstersiel haben wir uns durch das Kniphausische, Sillenstedsche anhero begeben und nichts als lauter Jammer und Elend. Gott erbarm es: ja unbeschreiblicher Schaden darinnen sehen und wahrgenommen. Sobald nun das Wasser abfallen und ich ein mehreres in Erfahrung bringen werde, ermangele nichts meiner gehorsamen Relation ferner abzulegen; indes ich Euer Gnaden der treuen Obhut des Allmächtigen empfehle und lebenslang verharre. Euer gehorsamster Knecht Albert Albert Tjarks."

So weit der Brief des Sander Deichrichters Albert Tjarks, der die Weihnachtsflut aus eigener Anschauung miterlebte und darüber berichtete.

Ein weiterer Zeitzeuge, Pastor Johann Friedrich Jansen aus Neuende, hat sich nach der Weihnachtsflut von Überlebenden der Flutkatastrophe berichten lassen und anderweitige Daten und Fakten zusammengetragen und darüber 1722 in seinem Buch „Historisch-theologisch Denckmahl der Wundervollen Wegen Gottes in den großen Wassermassen welche sich anno 1717 den 24./ 25. December zu vieler Länder Verderben so erschröcklich ergossen" berichtet. Dort ist folgender Abschnitt zu lesen:

„Ein Mann Nyender Kirchspiels in Jeverland / Namens Iffe Dircks / schwimmet nebst seiner Frauen auf dem Giebel seines Hauses und gelanget endlich mit demselben in der sogenannten Balge auf einen Apffel-Baum. Sie setzen sich beyde auf einen Zweig / da denn das Weib / als sie etwa drei Stunden hier ausgehalten / ihren Geist aufgegeben. Der Mann der da sorge wollen / daß nicht sein Weib möge wegtreiben / sondern noch ehrlich begraben werden / löset die aufgebundenen Haare ihres Hauptes auf / und bindet sie um einen Zweig dieses Baumes feste / da sie denn also noch einige Tage bey den Haaren ih-

Einer der Dangaster Flutsteine, die am 1956 erbauten Dangaster Siel auf dem Deich stehen und auf Orkan- und Sturmfluten hinweisen. Ihre Positionen geben die damaligen Hochwasserstände an.

res Hauptes gehangen / bis sie abgenommen und begraben worden. Das mag mit ein trauriges Spectacul vor diesem Manne gewesen seyn / der auf diesem Baum bis hin in den dritten Tag sitzen / und eine solche todte Gefährtinne in so jämmerlicher Gestalt / haben müssen." Der Pastor hat weiter berichtet, daß viele „*todte Menschen in den Bäumen hängend / mit verrenkten Armen und Beinen / oder mit nach unten hängenden Köpfen / nach dem vierten Tag der Flut abgenommen und dann erst begraben werden konnten*".

Jahrzehnte später stellten die Chronisten fest, daß die Weihnachtsflut des Jahres 1717 auch im Jadebereich große Opfer gefordert hatte. Selbst die finanziellen Schäden übertrafen alle Befürchtungen, denn fast 500 Häuser, Stallungen und Schuppen waren vernichtet worden. 1.275 Menschen ertranken in der Herrschaft Jever, weitere 374 in Kniphausen und 2.471 in der gesamten oldenburgischen Grafschaft. 456 Pferde, 3.915 Rinder, 1.799 Schafe, 866 Ziegen und 1.005 Schweine sollen in den Wassermassen der Flut 1717 ertrunken sein. Die zwei Ellenserdammer Siele, der Steinhauser Siel und der Marien Siel waren zerstört und weggespült worden. Viele Kirchspiele und Vogteien, unter ihnen Sande, Varel und Jade, waren verwüstet und überflutet. Auch der Chronist Marcus Wagner, er beschrieb 1580 bereits die Urgewalten der Sturmfluten in dem Buch „Einfeltige kurtze wahrhafftige schreckliche unerhörte Historiä von denen drey Wasserfluten in Phrißland 1511, 1570 und 1577" gehört zu denen, die trotz der damaligen Obrigkeit aus eigenen Anschauungen und Erfahrungen für die Nachwelt berichteten. So vermitteln die Aufzeichnungen zeitgenössischer Chronisten die Auswirkungen der verheerenden Sturm- und Orkanfluten bis in die Neuzeit.

Die Liste der Jahrhundertsturmfluten wird mit der vom 3. auf den 4. Februar 1825 auflaufenden Februarflut fortgesetzt, die nach verschiedenen Quellen (Der Jadebusen, G. Sello, Varel 1903) die höchste Flut war. Bei Dangast sind 5,26 Meter gemessen worden, mithin war sie die höchste Orkanflut des 19. Jahrhunderts. Über die Ereignisschilderung ist nachzulesen: *„Die Wassermassen strömten zur Springflutzeit und durch einen Orkan aus Norden getrieben mit großer Geschwindigkeit in die Nordsee und richteten auf den Nordfriesischen Inseln, in Eiderstedt, Dithmarschen, den Elb- und Wesermarschen, an der Jade und in Ostfriesland großen Schaden an. Die Fluten liefen über die Deiche und überschwemmten die niedrig gelegenen Gebiete von Bant und Heppens."*

Weiter heißt es: *„Kappstürzungen beschädigten auch den Neuengrodener Deich. Beim Rüstringer Siel wurden beide Deichscharten herausgerissen und bei Inhausersiel wurde das Deichschart zerstört. Größte Gefahr für das Land bestand bei Hooksiel, wo der Siel wegzureißen drohte. Die Sturmflut warf bei Horumersiel ein Schiff über den Deich, das mit seinem Heck ein Haus zerdrückte. Im Harlingerland mußte der Schwerinsgroden ausgedeicht werden."*

Nach den Chroniken (Die Entstehung des Jadebusens, C. Woebcken, Aurich 1934) sind an der deutschen Nordseeküste in der Februarflut etwa 800 Menschen, 1.200 Pferde, 21.500 Rinder und 22.000 Schweine sowie 20.000 Schafe umgekommen. Für die Landwirtschaft waren die Flutnachwirkungen sehr schwer, denn viele Äcker und Weiden waren durch das Salzwasser unbrauchbar geworden. Viele Bauern wurden dadurch wirtschaftlich ruiniert.

Weitere Sturmfluten vom 5. bis 8. Dezember 1895, vom 13. März 1906, vom 1. Februar 1953, vom 22. bis 23. Dezember 1954, vom 16. bis 17. Februar 1962, vom 3. Januar 1976 und vom 21. Januar 1976 sind bis heute registriert worden. Dabei richtete die zuerst genannte Flut über sechs Tiden trotz der hohen Wasserstände nur geringe Überschwemmungen an. Bei der Flut vom 13. März 1906 waren Deicheinbrüche zwischen Holland und der Elbe zu verzeichnen. In Dangast wurden 5,35 Meter, in Wilhelmshaven 5,06 Meter Fluthöhe gemessen. Dramatischer verlief die „Hollandflut" vom l. Februar 1953, bei der neben den materiellen Schäden 2.100 Tote zu beklagen waren.

Für die Wilhelmshavener war sicherlich die Sturmflut am Vortag des Heiligabend im Jahre 1954 mit großem Entsetzen verbunden, denn bei hohen Wasserständen an der Küste Nordwestdeutschlands brach der Maadedeich in der Nähe der Jadestadt. Pegelstand in Wilhelmshaven 4,35 Meter Wasserhöhe über Normalnull.

Über keine Sturmflut ist derart massiv berichtet worden wie über die Orkanflut vom 16./17. Februar 1962, die erneut aufzeigte, daß die Deiche immer noch nicht hoch genug waren. Sie verursachte schwere Schäden im nordwestdeutschen Küstengebiet, vor allem in der Hansestadt Hamburg. Das Wasser zerstörte 1.255 Häuser, und 329 Menschen verloren ihr Leben. Gemessene Fluthöhe in Wilhelmshaven über Normalnull plus 5,22 Meter.

Die Sturmfluten vom 3. und 21. Januar 1976 mit den gemessenen Pegelständen Normalnull plus 4,78 Meter) und Normalnull plus 4,55 Meter) in Wilhelmshaven blieben hinsichtlich der verursachten Schäden unbedeutend. Die Verantwortlichen für das Deichbauwesen hatten aus der Sturmflut des Jahres 1962 gelernt. Die Deiche an der gesamten deutschen Nordseeküste waren maßgeblich erhöht und verstärkt worden. *„Unter diesen Gesichtspunkten erscheint eine neue Sturmflutkatastrophe unwahrscheinlich“*, formulierte ein Deichsachverständiger die Sicherheitslage an der Küste.

„Dat Brack“ 1598 auf einer Ostfrieslandkarte nach David Fabricius.

Die Geschichte des „Schwarzen Bracks“

Die Sturmfluten sorgten dafür, daß im 14. Jahrhundert der Jadebusen mit der weit nach Westen reichenden Ausdehnung, dem sogenannten „Swarten Brack“ von Altgödens bis nach Jeringhave, seine größten Wassereinbrüche hatte. Zwangsläufig ist dabei – so die Chroniken (Überlieferungen von Carl Woebcken und Georg Sello, 1910–1920, in verschiedenen Abhandlungen) – viel „fruchtbares Land“ verlorengegangen. In einer Schrift heißt es wörtlich: *„Das geschah in der Weise, daß durch Fortspülen des Kleilandes und durch Fortschwimmen des hinter dem Kleigürtel liegenden Moores das Salzwasser einströmte, hauptsächlich bei Sturmfluten.“*

Der Name des „Schwarzen Bracks“ hat seinen Ursprung im „braungefärbten Wasser“, das von zerstörten Mooren und deren Bestandteilen herrührte, wobei das Wort „Brack“ mit Eibruch, Riß oder Loch gleichzusetzen ist. Über damals bereits vorhandene Priele (Rinnen), die ausnahmslos in den Jadebusen entwässerten, drangen die Fluten im Laufe

Das „Schwarze Brack“ vor der endgültigen Eindeichung im 16. Jahrhundert. Der Deich vom Festland bis zur Geestinsel Ellens ist bereits fertiggestellt. Reproduktion nach der historischen Karte des Niedersächsischen Staatsarchives Oldenburg „Abris der Jade vor der Ellenser Einteichunge“. (Archivnummer: Best. 298 Z, Nr.: 292 b).

der Zeit immer weiter nach Westen und Südwesten in das Moorgebiet ein, bis das Wasser den Geestrand bei Altgödens, Horsten, Zetel, Bockhorn, Steinhausen und Jeringhave erreichte. Der Heimatkundler Georg Sello gibt in einer Überlieferung dafür als Datum den 16. Januar 1219 an. *„Do vorgink Freysland gansser in Waters noden, und brak dat brack yn Olde Godense unde vordarf den Slicker-Syl unde dat gans lant, dat dor was."* Mehrere Historiker zogen das genannte Datum in Zweifel, so auch Carl Woebcken. Letzterer machte für den Einbruch die zweite Marcellusflut vom 16. Januar 1362 für die Schaffung der „Salten See" (Salzen See = salzige See, später das „Schwarze Brack") im Westteil des Jadebusens verantwortlich.

Remmer von Seediek hat später in den dreißiger und vierziger Jahren des 16. Jahrhunderts angeführt, daß im Viertel Bant durch die genannte Flut im Jahre 1362 zwei Kirchen und mehr als dreißig Häuser verlorengingen. Der Jeversche Rentmeister gab als Quellen „ältere Überlieferungen" an, die er ausgewertet hatte. Kirchenbücher und eine Papsturkunde von 1423 haben Chronisten damals bewogen, über „arge und schlimme Zustände" aus den Sturmflutgebieten zu berichten. Danach blieben die Äcker und das sonstige Land unbestellt oder wurden vom Salzwasser überflutet. Mit der Orkanflut war das Salzwasser über Altgödens hinaus nach Westen gelaufen und zwangsläufig mit dem Friedeburger Tief zusammengeflossen, das bis dahin nur ein Maadezufluß war. Weil das Brack nun bis Gödens und Horsten reichte, entwässerten auch diese Orte jetzt in den Jadebusen. Davor lief alles über die Maade ab. 1475 nutzte Gräfin Theda von Ostfriesland die natürlichen Gegebenheiten und ließ das Mühlentief östlich der Friedeburg reinigen und erheblich verbreitern, so daß Boote und Schiffe vom „Schwarzen Brack" kommend die Friedeburg erreichen konnten. Der Wassereinbruch des „Schwarzen Bracks" hatte politische Folgen. Weil vom Banter Viertel der südliche Teil getrennt worden war, ist aus den Kirchspielen Varel, Bockhorn und Zetel ein Siedlungsraum mit dem Namen „Friesische Wehde" entstanden. Später ist die „Friesische Wehde" den Oldenburger Grafen unterstellt worden. Die Grenze zwischen der Wehde und dem Viertel Bant bildete damals das „Schwarze Brack". In einem Vertrag zwischen den Grafen von Ostfriesland und Oldenburg des Jahres 1486 wird „dat swarte Brack" erstmals urkundlich erwähnt (Remmer von Seediek, Jeversche Chronik 1520). Dort vereinigten sich damals das Driefeler und Zeteler Tief.

Mit Beginn des 16. Jahrhunderts registrierten die Chronisten, daß drei weitere Sturmfluten die Westseite des Jadebusens „ausdehnten". Es waren die Cosmas- und Damianflut vom 26. September 1509, die Sturmflut vom 9. September 1510 und die Antoni- und Eisflut vom 17. Januar 1511. Als die erstgenannte Flut viele Deiche zerstörte, betroffen war nach den Chroniken besonders hart das Land Rüstringen, geriet das an der Einmündung des „Schwarzen Bracks" liegende Kirchspiel Oldebrügge in arge Not, es sollte einen besseren Deichschutz erhalten. Die soeben wieder instandgesetzten Deiche wurden durch die Flut 1510 wieder „demoliert", viel Land stand unter Wasser. Verheerende Folgen für die Menschen hatte die am 17. Januar 1511 auflaufende Eisflut, denn viele Häuser wurden durch das Wasser und den Eisgang in der Jade total zerstört. Zahlreiche Menschen und viel Vieh ertranken. Die Überlebenden packten ihre Habseligkeiten und verließen das Land. Hinzu kam der Tod des Häuptlings Edo Wiemken d. J. am 19. April 1514, der das Chaos im Lande noch vergrößerte.

Nach den Chroniken wurden die Kirchen Seediek, Ahm und Oldebrügge einfach der See überlassen. Über diese Tatsache hat der spätere Kanzler und Rentmeister Fräulein Marias zu Jever, Remmer von Seediek, in der Jeverschen Chronik ausführlich berichtet. In diesen Aufzeichnungen ist nachzulesen, daß das Viertel Bant nach Nordwesten und Norden von der Maade, nach Osten von der Jade, nach Süden vom Jadebusen und Südwesten vom „Schwarzen Brack" umspült wurde. Das Land war eine Insel geworden. 1525 ist von Sande aus auf dem Nordufer des „Schwarzen Bracks" ein Deich zum Schutze des Landes errichtet worden, die heutige Wegeverbindung Neustadtgödens bis Sanderahm, die sogenannte „Fuleriege". Den westlichen Anschluß bildete ein 1544 erbauter Deich, der hinsichtlich der Trassenführung vor den Orten Neustadtgödens, Hohemey und Horsten verlief. Somit war in der Nähe des aufgegebenen Dorfes Altgödens die erste Durchdeichung von einem Teil des „Swarten Bracks" erfolgreich ausgeführt worden.

Carl Woebcken schreibt in seinem Büchlein „Die Entstehung des Jadebusens" von 1934 dazu: *„Der erste Schritt zur Bezwingung des Schwarzen Bracks ging von Gödens aus. Der Häuptling Hicco von Gödens, der Bruder des Boing von Oldersum, legte 1544 den Siel bei Hohemey. Diese Befestigung diente zum Schutz der Grenze, wenn etwa die Oldenburger von Zetel her über das Schwarze Brack vorstoßen wollten. Der Deich lehnte sich im Süden an die Geest von Horsten, auf der anderen Seite hatte er Anschluß an die Sander Deiche. An der Deichstrecke zwischen Hohemey und Oberahm blühte ein Hafenort auf, hauptsächlich durch Zuzug von Mennoniten, Neustadtgödens."*

Nach dem „Wilhelmshavener Heimatlexikon" von 1987 entstand 1578 als Fortsetzung des Deiches von 1544 ein Deich, der von Horsten aus in südöstlicher Richtung verlief, östlich der heutigen Straße Horsten–Driefel. Dieser Deich stieß auf den schon 1576 fertiggestellten Deich, der von Driefel in einem Bogen nördlich von Steinhausen zu Geest bei Jeringhave führte. Damit war die westliche Jadebusenbucht im Norden, Westen und Süden von einem zusammenhängenden Deich umschlossen, der zu einem Teil auf ostfriesischen und im südlichen Teil auf Oldenburger Ländereien verlief. Um die Entwässerung der um das Brack liegenden Gebiete sicherzustellen, wurden in den beschriebenen Deichwerken mehrere Siele gebaut. So entwässerte das Neustädter Tief durch den Gödenser Siel, bei dem 1544 der Handelsort Neustadtgödens entstand. Das Friedeburger Tief entwässerte durch den Friedeburger Siel bei Hohemey, das Horster Tief entwässerte durch den Horster Siel nahe der Grenze zwischen Ostfriesland und Oldenburg, das Zeteler Tief entwässerte durch das alte Zeteler Siel, und die Brunner Bäke entwässerte durch den alten Steinhauser Siel bei der Kocksmühle nördlich von Jeringhave.

Es gibt zahlreiche Karten und Zeichnungen, die im letzten Jahrzehnt des 16. Jahrhunderts angefertigt wurden, um im Rechtsstreit zwischen Oldenburg und Ostfriesland vor dem Reichskammergericht in Speyer als Beweismittel vorgelegt zu werden. Sie lassen wichtige Details und Örtlichkeiten der damaligen Zeit um das „Schwarze Brack" herum

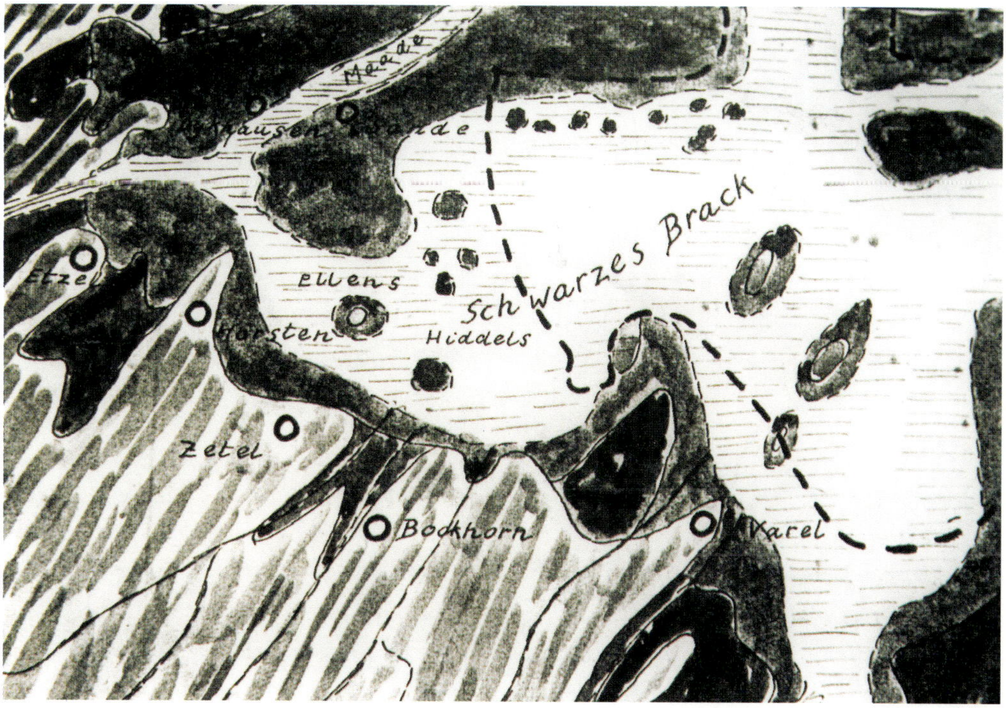

Weitester westlicher und südlicher Meereseinbruch um 1511 nach der Antoni- und Eisflut. Als sogenannte Festlandsreste verblieben die Eilande Ellens, Hiddels und die Inselgruppe Arngast. Die abgebildete Skizze ist von Bernhard Meyer, Varel 1953.

genau erkennen. Danach war das Wattengebiet von drei breiten Prielen (Rinnen) durchzogen, nämlich die Neustädter, die Friedeburger und Horster Rinne. Eingezeichnet waren auch alte Festlandsreste wie das kleine Areal mit dem Kirchspiel Hiddels nordwestlich von Steinhausersiel und die langgezogene bewohnte Sandinsel Ellens nördlich von Dangast sowie die halligartigen Reste von Ahm und Oberahm, östlich von Neustadtgödens gelegen. Ahm bestand aus zwei Inselresten, die zusammen etwa die Größe der Sandinsel Ellens hatten. Hier waren im frühen Mittelalter auf der größeren Insel drei Warfstellen vorhanden gewesen, während auf der kleineren Insel die Ahmer Kirche gestanden haben soll.

Als Fräulein Maria von Jever verstarb, fiel die Erbschaft 1575 an das Grafenhaus Oldenburg. Nach der Oldenburgischen Geschichte wollte Graf Johann VII. von Ostfriesland und der Zollzahlung unabhängig werden. Ohne ostfriesisches Gebiet zu tangieren, plante der Graf, eine durch das „Schwarze Brack" führende Landverbindung bis in das Jeverland zu schaffen. Schon 1593 wurden erste Pläne bekannt, daß der Oldenburger Graf die „Salzen See" aus politischen Gründen durchdeichen wollte. Verständlich, daß die Ostfriesen mit Protesten reagierten.

Dazu schreibt Hamelmann in der Oldenburger Chronik von 1599 folgendes: *„Im Monat Aprili 1597 ließ Graff Johan auff der Seiten nach Jeverlandt vom Ahme / und auff der Ol-*

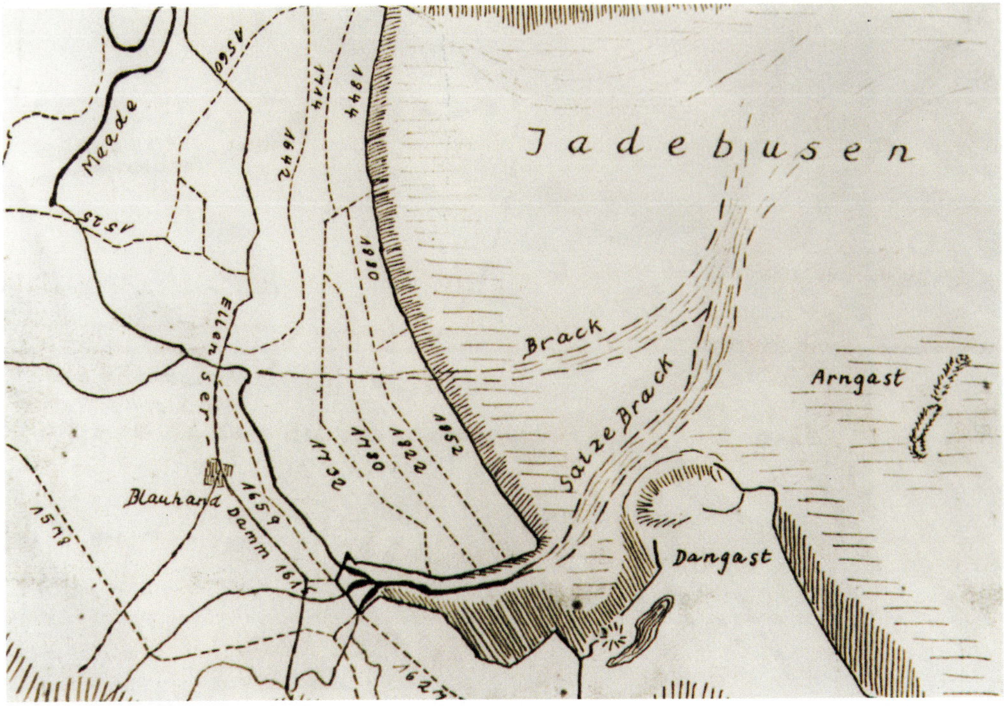

Rückgewinnung des Landes durch Eindeichungsmaßnahmen nach dem Bau des Ellenser Dammes ab 1615 bis in das 19. Jahrhundert. Die abgebildete Skizze ist von Bernhard Meyer, Varel 1953.

denburgischen seiten von Ellens ab / etzliche hundert Ruten lang nach dem schwarzen Brack (welches nach der Neustadt hinauf gehet) Pfäle schlagen / und einen Tam schiessen / der tröstlichen zuversicht / durch Gottes gnedige hülfe und segen in kurzen Jahren noch daselbst hinüber zuteichen / und also die Graffschaft Oldenburg an die Herrschaft Jever durch eine Landstrasse zuhenkken.“

Weiter heißt es dort wörtlich: *„Den 8. Augusti schlug Graff Johan mit getreuer hülf seiner Landtschafft das gewaltige tieffe loch zwischen Ellens und Hiddels zu / welches zwar etzliche tausent pfäle und staken / auch etzliche viel tausent Fuder erde gefressen / ehe dann mans stopffen und bekrefftigen können. Wer solches vom anfang biß zum ende gesehen hat / der mag wol sagen / daß kein ding so schwer / welches nicht mit mühe und arbeit zugewinnen / Für allen dingen war erschrecklich anzusehen / ob wol der Tam über diß böse loch 40 schritt breit ausgefüllet / daß er doch den 14. Augusti auff der Ebbe in der mitten wieder von einander reiß / so geschwinde / daß man mit genauer noth entweichen kondte / und wofern Gott die folgende nacht nicht ein stilles Wetter gegeben / so were alle arbeit vergeblich gewesen.“*

Mit anderen Worten, damals wurde ein Deich gebaut, der in nordöstlicher Richtung durch das Watt verlief und die Verbindung mit der Sandinsel Ellens herstellte. Ausgehend vom 1578 erbauten Deich, galt dieser Deichbau als Vorläufer der nachfolgenden Deichbauprojekte bis hin zum Bau des „Ellenser Dammes“. 1597 ließ Graf Johann das größere Teilstück folgen, welches an den Deich von 1576 anschloß und in südlicher Richtung von der Jeringshaver Geest über Hiddels und Blauhand nach Ellens verlief. Im gleichen Zeitraum wurde auch an der Nordseite des Bracks mit Deichbauarbeiten begonnen. Als Ausgangspunkt diente der Oberahmer Deich des Jahres 1525, dabei konnten die Inseln Ahm und Oberahm wieder mit dem Festland verbunden werden. Der „Ellenser Damm“ – das historische Ereignis wird in einem nachfolgenden Kapitel beschrieben – konnte aber erst unter Graf Anton Günther am 31. Juli 1615 durch den Zwischenahner Vogt Arend Stindt unter großen Mühen geschlossen werden. Im Zuge dieser Eindeichungen

Küsten- und Deichsituation im Westteil des „Swarten Bracks“ um 1570. Abzeichnung einer Karte aus „Der Jeversche Deich-Band, Oskar Tenge, Jever 1884“. Die Inseln Ahm, Oberahm, Ellens und die Küstenlinie von 1982 sind exakt eingezeichnet.

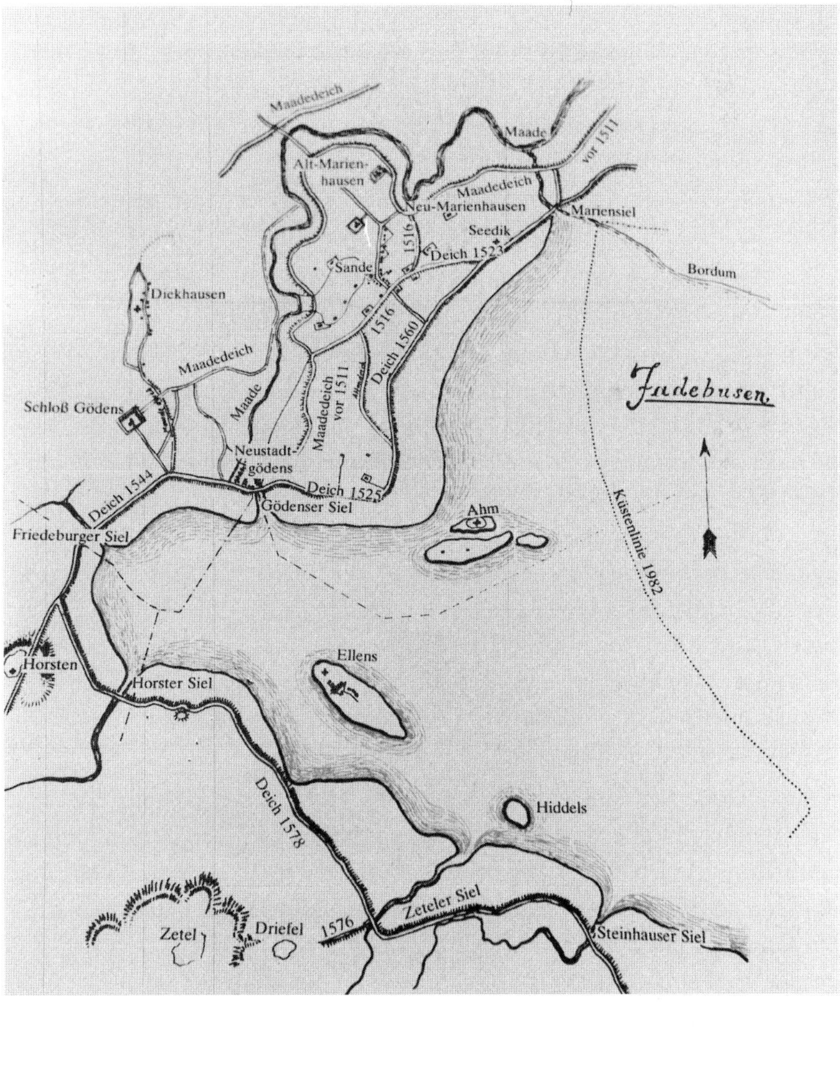

sind etwa 1.600 Hektar Land dem Meer abgerungen worden, das jedoch wegen seiner tiefen Lage zu einem Großteil nicht für die Landwirtschaft geeignet war. Es war ständig überschwemmt und mußte über Jahrzehnte von sogenannten Wasserschöpfmühlen entwässert werden.

Im Jahre 1597 erhoben Ostfrieslands Regenten Einspruch gegen das geplante Deichbauwerk des Oldenburger Grafen. Graf Enno III. klagte dann 1599 vor dem Reichskammergericht in Speyer in dem Rechtsstreit „In Sachen Ostfrieslands gegen Oldenburg“ auf „Inhibirung und Demolirung“ des Deichwerkes. Als Begründung führten die Ostfriesen an, daß der Seehandel und die Fischerei durch den Deichbau unmöglich gemacht werde. Darüber hinaus werde die Entwässerung aus dem Amt Friedeburg beeinträchtigt und zusätzlich sei mit weniger Zolleinnahmen bei Hohemey zu rechnen. Von der Oldenburger Seite wurde vorgebracht, daß mit den Deichbauten nur die Wiedergewinnung alter oldenburgischer und jeverscher Ländereien beabsichtigt sei. Hinsichtlich der Entwässerungsprobleme brachten die Oldenburger vor, daß die Sielhafenorte früher in die Maade entwässert hätten. In den ersten Verhandlungen sollte sich zeigen, daß die Justiz sich auf die Oldenburger Argumente stützte und im „wesentlichen das geplante Deichbauwerk“ erlaubte. Aber schon im Jahre 1604 erhielt der Oldenburger Graf Anton Günther die gerichtliche Auflage, den Deichbau einzustellen. Erst als der Graf 1612 dafür bürgte, das Deichbauwerk wieder zu beseitigen, wenn das Gericht gegen Oldenburg entscheiden sollte, durften die Oldenburger weiterbauen. Chroniken (alte Dokumente des Prozesses, Niedersächsisches Staatsarchiv Oldenburg) beweisen, daß die damalige Justiz es sich nicht leicht gemacht hat; viele Protokolle, Zeichnungen und Skizzen für die „Inaugenscheinnahme“ durch die Richter waren angefertigt worden.

Nach der endgültigen Durchdeichung des „Schwarzen Bracks“ im Jahre 1615 erfolgten weitere Eindeichungsmaßnahmen bis in das 19. Jahrhundert hinein, die aus dem ehemaligen Brack wieder Festland machten. Ausgehend von Sande entstanden der Salzen Groden (1643), der Jeversche Groden (1733), der Tannesche Groden (1774), der Katharinengroden (1822) und der Cäciliengroden (1844). Im Mittel- und Südteil der Westbucht entstanden von Bockhorn und Zetel aus der Blauhander Groden (1659), der Kötteritzer Groden (1667), der Ellenserdammer Groden (1732), der Friedrich-August-Groden (1780), der Adelheidsgroden (1819), der Petersgroden (1852) und der Idagroden (1880). Hinzu kamen weitere Groden nördlich des Geestrandes von Jeringhave bis Dangast. Genannt werden der alte Jeringhavener Deich (1627) und der neue Jeringhavener Deich (1653) sowie der Twickelser Deich (1736). Der Meedengroden entstand (1924) und der Dangaster Groden mit dem Dangaster Sielbauwerk (1956).

Die alten Siele Gödenser Siel, Friedeburger Siel, Horster Siel, Zeteler Siel und Steinhauser Siel – sie lagen alle in dem ersten das Brack „umschlingenden Deichstück“ – mußten notgedrungen neu angelegt beziehungsweise verlegt werden. Zwangsläufig entstanden mit den neuen Deichen auch neue Siele. Im südlichen Teilstück des 1597 fertiggestellten Ellenserdammer Deiches wurde nördlich des alten Steinhauser Sieles der neue Steinhausersiel und nordwestlich davon der neue Zeteler Siel aufgeständert. Das Zeteler

Sielbauwerk ist zweimal (1754 und 1825) erneuert worden. Bis 1924 war der letzte Siel in Betrieb. Im Nordteilstück des Ellenser Deiches ist auf der Oldenburger Seite 1604 ein Sielbauwerk gezimmert worden, während auf der jeverschen Seite im Jahre 1608 ein Siel errichtet wurde. Er wurde später auf die Oldenburger Seite, nahe dem ersten Siel, verlegt. Über diese beiden Siele entwässerte das nördliche Brack mit dem Gödenser Sieltief und dem Friedeburger Sieltief in den Jadebusen. Zum Schutz des Jeverschen Weges ließ Graf Anton Günther südlich des Deichschlusses von 1615 die Ellenserdammer Schanze bauen. Weitere Deichbaumaßnahmen im Jahre 1714 machten es notwendig, die beiden Ellenserdammer Siele zu verlegen. So entstanden in der Nähe des neuen Zeteler Siels der Norder- und Südersiel, die später den Hafenbetrieb in Ellenserdammersiel möglich machten. Erst im Jahre 1925 wurde das Petershörner Siel für die gesamte Entwässerung des „Schwarzen Bracks" geschaffen. Dadurch wurden die alten Siele überflüssig. Weil aber der Petershörner Siel den wasserbaurechtlichen Anforderungen nicht mehr genügte, ist 1956 der Dangaster Siel mit Speicherpolder entstanden. Hier leitet das 1962 gebaute Petershörner Schöpfwerk bei Bedarf das Oberflächenwasser des 32.000 Hektar großen Entwässerungsgebietes ein. Bei Ebbe kann der Speicherpolder über das Dangaster Sielbauwerk in den Jadebusen entwässert werden.

Blick von Petershörn auf das Ellenserdammer Tief

Marienhäuser Siel entstand 1570

Über die Entstehung der Ortschaft Mariensiel nahe der Wilhelmshavener Stadtgrenze, heute zur politischen Gemeinde Sande gehörend, sind verschiedene zeitgenössische Berichte und Aufzeichnungen vorhanden. Die meisten Urkunden und Dokumente lagern in öffentlichen Archiven oder befinden sich in Privatbesitz.

In jüngster Zeit hat sich der Heimatpflegekreis des Heimatvereins Gödens-Sande eingehend mit der Entstehungsgeschichte der Sielorte befaßt und zum Teil neue Erkenntnisse gewonnen. Danach erfolgte die Pfahlgründung des „Marienhäuser Syhls", später Mariensiel genannt, noch zu Lebzeiten der Landesherrin von Jever, Fräulein Maria. Die Regentin lebte vom 15. September 1500 bis 20. Februar 1575. Während dieser Zeit ließ Maria auch den Landsitz „Altmarienhausen" in der Nähe von Sande bauen. Das sogenannte „Grashaus auf dem Sande" wurde von der Regentin des Jeverlandes 1568 bis 1571 schloßartig erweitert, mit einem Graben und einem Erdwall umgeben und mit einer Zugbrücke versehen.

Nach überlieferten Berichten (Dr. Klaus Hafemann, Kleine Chronik des Mariensiels, Neustadtgödens 1982) war im 15. Jahrhundert die Errichtung eines Sielwerkes und die Grabung eines Entwässerungstiefs eine zwingende Notwendigkeit, denn die Entwässerung lief bis zum Ende des 15. Jahrhunderts von der nördlichen Seite des Rüstringer Landes, es versank zum größten Teil im Jadebusen, in die damals trichterförmige Maadebucht.

Diese Bucht markierte die Grenze zwischen den Gauen Rüstringen und Oestringen, die von Gödens bis nach Rüstersiel verlief. Die nördliche Begrenzung der Maadebucht bildete der Deich, der sich von Altgödens über Marienburg, Gödens, Dykhausen, Silland, Roffhausen, Langewerth und Fedderwarden bis nach Voslapp hin erstreckte. Die südliche Begrenzung der Bucht bildete ungefähr die Linie bei Neustadtgödens an der Lehmbalje über Sanderahm, Dollstraße (Preußischer Adler), Sande, Altenhof, Mariensiel, Ebkeriege, Schaar und Neuende bis hin nach Heppens, später Wilhelmshaven.

Nach Berichten über die Antoni- oder Eisflut des Jahres 1511 soll das damalige „Schwarze Brack" weit überspült worden sein. Die Fluten liefen bis Friedeburg über Etzel hinaus. Daraus resultierend bildete sich zwischen Sanderahm und Neustadtgödens auf der Nordseite und Steinhausen, Ellens, Zetel und Horsten auf der Südseite eine riesige Wasserbucht mit starker westlicher Ausdehnung, das „Salte Brack".

Ungehindert von Deichen, sie waren während der Sturmflut schwer beschädigt oder gänzlich fortgeschwemmt worden, wurden die Ländereien täglich vom Salzwasser überspült. Nur bei Ebbe fiel das Land, bis auf wenige wasserführende Priele, trocken. Die Reste des Rüstringer Landes mit Sande, Sanderahm, Oberahm, Seediek, Bordum, Bant, Neuende und Heppens bildeten eine Insel. Nur für eine kurze Zeitspanne hatte eine Verbindung der genannten Kirchspiele mit der Maade bestanden.

Für die Entwässerung sorgten insgesamt dreizehn Siele, sie alle ließen das Wasser in die Maadebucht abfließen. Auf einer Seite waren es die Siele bei Gödens, Kniphausen, Ihn-

Maria von Jever, Regentin der Herrschaft Jever, lebte vom 15. September 1500 bis zum 20. Februar 1575. Sie war eine Tochter des Häuptlings Edo Wiemken d. J. und ließ im Jahre 1570 den ersten aus Holz bestehenden „Marien Syhl" legen.
Kupferstich aus: Johann Justus Winkelmann, Oldenburgische Chronik von 1671.

hausen, Accum, Loppelt, Tichelboe und Schortens. Sechs weitere Siele gab es auf der anderen Seite der Maade, nämlich die Siele bei Sanderahm, Neustadtgödens, Seediek, Bordum sowie zwei kleine Siele an der Schaar.

Nach der Antoniflut – Chronisten (Wagner, Schrift von 1580; Woebcken, Buch von 1941) bezeichneten die Sturmflut vom 17. Januar 1511 als eine mit den bisher größten Menschen- und Landverlusten – entwässerte die ostfriesische Region mit Friedeburg nicht mehr in die Maadebucht, sondern durch das sogenannte Friedeburger Tief in das „Schwarze Brack". Die Maadebucht verlandete im Laufe der Zeit. Bereits 1520 konnte der Deich an der Jade zwischen Heppens und Voslapp endgültig geschlossen werden. Danach entwässerte die Maade durch den Kniphauser Siel in die Jade.

Doch die endgültige Schließung der Maadebucht hatte für die Entwässerung der fern der Mündung liegenden alten Marschen, die bekanntlich tiefer liegen als die jüngere Marsch an der Küste, verhängnisvolle Auswirkungen, denn weite Landflächen standen ständig unter Wasser. Zwangsläufig mußten „Watertochten“, sogenannte Wasserzuchten, angelegt werden. Erst nach diesen Maßnahmen war das Land wieder zu bewirtschaften.

Aufgrund der Notsituation einigten sich die Schortenser und Sillander Bauern und verlegten in Gemeinschaftsarbeit den bei Schortens liegenden Siel direkt an den Maadebogen (beim heutigen Umspannwerk Roffhausen). Sie entwässerten ihre Ländereien über das „Stinktief“ in die Maade zur Maadebrücke und weiter in Richtung der tiefer gelegenen Lehmbalje zum neu gegrabenen Gödenser Siel bei Neustadtgödens. Da erhebliche Wassermassen aus dem Raum Upjever, Schoost, Schortens, Ostiem, Schleppens, Silland und Loppelt zuflossen, sorgten sie für eine gute Reinigung des gegrabenen Neustädter Außentiefs am „Schwarzen Brack“, so daß im Hafen von Neustadtgödens Schiffe mit einem Ladevolumen von 50 Lasten (100 Tonnen) laden und löschen konnten. Es waren große Frachtensegler wie Ewer und Tjalken, die im Hafen von Neustadtgödens festmachten. Der Ort lebte künftig von den Schiffen im Priel. Wie bereits angeführt, verlief die Entwässerung der trichterförmigen Maade weiter durch den Kniphauser Siel in die Jade.

Zeitgenössische Chroniken (Wagner, Schrift von 1580) berichten von der Allerheiligenflut am 1. November 1570, bei der in den Kirchspielen Heppens und Neuende 147, im Jeverland und in der Herrlichkeit von In- und Kniphausen weitere 400 Menschen ertranken. Daneben vernichtete die Sturmflut auch den Kniphauser Siel, der von den Wassermassen buchstäblich herausgerissen wurde. Die Fluten ergossen sich erneut in die Maadebucht und suchten dabei neue Wege. Die alten Sieltiefs, vor allem das Bordumer Sieltief nördlich von Seediek, liefen voll Wasser und mußten jetzt in umgekehrter Richtung, von Norden kommend, das Wasser in den Jadebusen ableiten. Um diese Zeit ließ die Regentin des Jeverlandes, Fräulein Maria, das alte Bordumer Tief wieder ausgraben und 1570 einen neuen Siel zimmern, der später ihr zu Ehren „Marien Syhl“ genannt wurde. Damit erhielt auch das Schloß Marienhausen eine Entwässerung in Richtung Jadebusen mit Anschluß an ein hölzernes Sielbauwerk.

Alte Karten im Staatsarchiv Oldenburg, um das 16. Jahrhundert entstanden, bezeichnen den Siel als „Marienhäuser Siel“. Oskar Tenge, Chronist der Deiche und Siele des Jeverlandes, schreibt 1884 in seinem Werk über den „Marien Siel“, daß er vermutlich gebaut worden sei, um während des Neubaues des Kniphauser Sieles die Entwässerung weiter zu gewährleisten. Bald darauf siedelten sich um den neu erbauten Siel die ersten Fischer an. Feste Häuser entstanden hinter dem Deich, und Kleinbauern nutzten die Vegetation der den Deichen vorgelagerten Salzwiesen, um für das Stallvieh über die Wintermonate nahrhaftes Andelheu einzulagern. Die geschichtliche Entwicklung des späteren Sielhafenortes Mariensiel hatte begonnen.

Im Jahre 1634 mußte der Marien Siel im größeren Umfange repariert werden. Hier leisteten die Accumer Bürger entscheidende Nachbarschaftshilfe bei den Arbeiten. Doch dreißig Jahre später mußte bereits ein Sielneubau realisiert werden, bei dem das Graben der Sielkuhle sowie die Wiedereinbringung der Erde und die Wiederherstellung des Deiches von der „Landschaft“ erledigt wurden. Die Sielanlage kam aus Varel, sie hatte dort bereits einige Jahre ihre Dienste getan.

Doch auch dieser Siel, in der damals üblichen Holzbauweise errichtet, war 1713 bereits wieder abgängig, die Ständer und Balken nicht mehr nagelfest. Salzwasser und Wurmfraß hatten den Siel baufällig werden lassen. Notgedrungen wurde die Aufständerung der

Die kolorierte Zeichnung „Grundriß von Mariensühl und dazu gehörigen Häusern“ aus dem Jahre 1785 verdeutlicht anschaulich den Siedlungsbeginn und die Ortskernentstehung sogenannter Sielhafendörfer. Mittelpunkt blieb immer der tidenabhängige Sielhafen – während die Häuser der Häuslinge, Händler, Gastwirte, Handwerker sowie die Ämterstuben hinter den Deichen entstanden. Reproduktion nach einer Skizze des Niedersächsischen Staatsarchives Oldenburg (nachkoloriert durch CCV). (Archivnummer: Best. 298 Z, Nr.: 505).

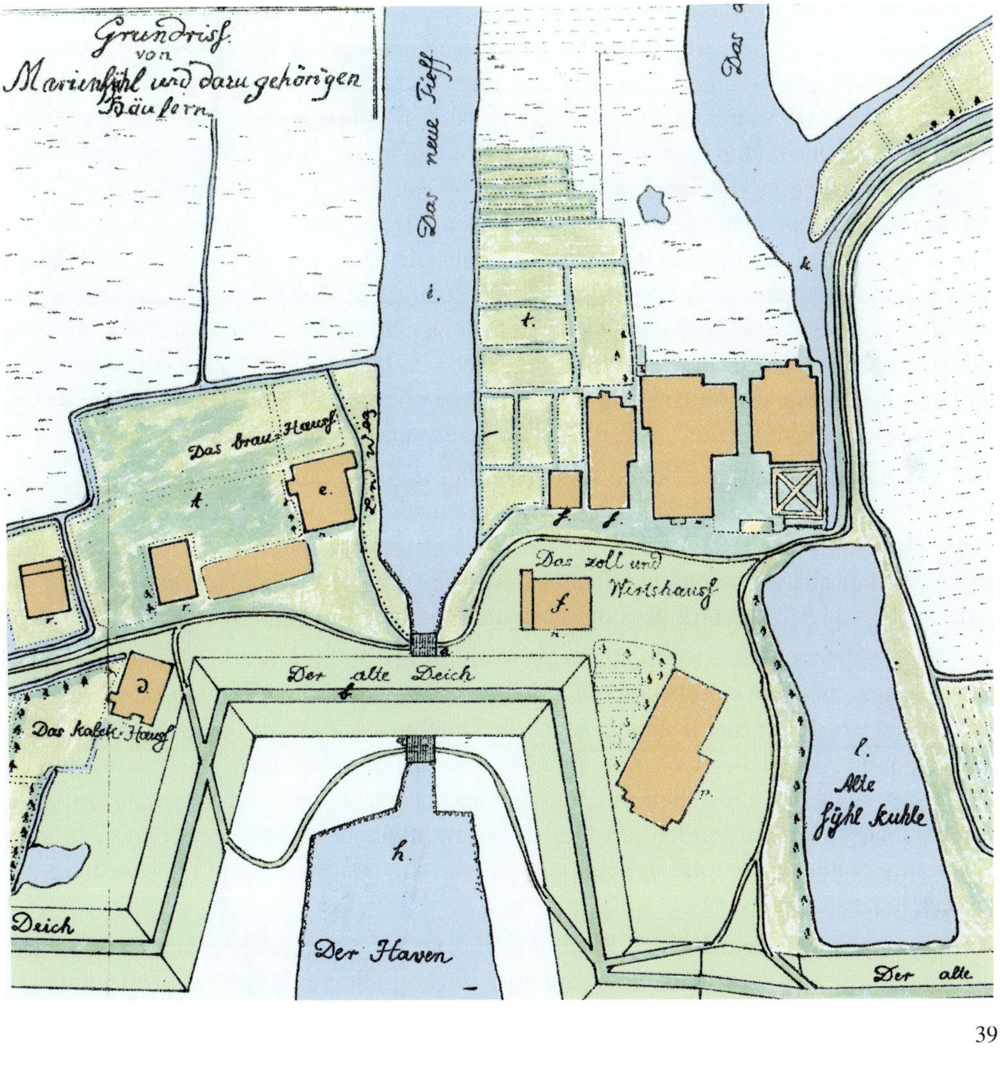

inneren „Hülfte“ vorgenommen, die äußere Aufständerung war für 1715 geplant, unterblieb aber aus unbekannten Gründen. Wahrscheinlich war Geldmangel die Ursache dieser Unterlassung. Kein Wunder, daß während der Weihnachtsflut im Jahre 1717 der Siel einstürzte und von dem Wasser fortgespült wurde. In der eiskalten Schreckensnacht wurden in Mariensiel sechs Häuser zerstört, 36 Mariensieler ertranken im übergelaufenen Wasser.

Nach der Sturmflut, als der Siel von der Orkanflut herausgerissen und Teile davon bis nach Gödens getrieben waren, wo Sieltore und Balken gefunden wurden, ist zuerst einmal der Mariensieler Kolk notdürftig eingedämmt worden.

Dann übernahm ein sogenannter Pumpsiel (Abflußkanal) durch den Deich mit einer Sielklappe (1 Meter x 1,50 Meter groß) die Entwässerung, die sich aber als völlig unzureichend erweisen sollte. Selbst der 1719 wiedergelegte Banter Siel wurde den Zielen der Entwässerung nicht gerecht. Er wurde aufgrund neuer Schäden 1766 völlig erneuert und dabei auch erheblich vergrößert. Nach wie vor wurden die Sielbauwerke aus Holz zusammengezimmert.

Auf Veranlassung der Anhalt-Zerbstschen Regierung, sie hatte dem Oldenburger Deichgrafen von Münnich das Deich- und Sielbauwesen übertragen, wurde im Sander Kirchspiel schon im März des Jahres 1718 mit den Instandsetzungsarbeiten nach der Weihnachtsflut begonnen. Dabei beaufsichtigte zunächst der Sander Deichrichter Albert Tjarks die erforderlichen Deichbauarbeiten. Als Rottmeister fiel dabei der aus Sanderahm stammende Albert Brahms als Deichbauer auf, der sich mit seinem Talent für das Siel- und Deichbauwesen die Gunst des Deichgrafen von Münnich erwarb. Bereits ein Jahr später ernannte Münnich den 26jährigen Deichbauer Albert Brahms zu seinem Nachfolger als Deichgraf. Zu den ersten Deicharbeiten gehörte die Errichtung eines Notdeiches von Mariensiel zum Kötteritzer Groden, der eine Höhe von 1,80 Meter aufwies. Die Seeseitenbreite betrug 7, die Landseitenbreite 2 Meter. Die Deichkappe war nur einen halben Meter breit, damit für Pferdegespanne nicht zu befahren.

Der Heimatverein Gödens-Sande recherchierte, daß die damalige Region mit Albert Brahms einen großen Praktiker und durch Eigenstudium der Fächer Mathematik und Geometrie gebildeten Mann hatte, der heute als Deichbau-Ingenieur bezeichnet werden würde. Brahms hatte unter anderem auch bewiesen, daß die Weihnachtsflut von 1717 mit einer Höhe von 3,70 Metern über die normale Fluthöhe aufgelaufen war.

Trotz der verheerenden Auswirkungen der Weihnachtsflut im Jahre 1717 machte sich die Bevölkerung an die Wiederbedeichung der vom Salzwasser überfluteten Ländereien. In Mariensiel wurde der Siel instandgesetzt, die Deiche ausgebessert und die großen Kolke zugeschüttet. So siedelten sich immer mehr Menschen in der Nähe des Sielbauwerkes an. Die ersten kleinen Landstellen mit sogenannten „Häuslingen“ und Fischerkaten sowie Handwerkerstuben entstanden am Deich, in unmittelbarer Nähe der Sieltore. In allen Häusern befanden sich „offene Feuerstellen“ mit kleinen Stallungen für Haustiere und Gerätschaften.

Auf einer Karte aus dem Jahre 1785 sind bereits sechs verschiedene Häuser eingezeichnet, unter anderem das damalige Brauhaus – nach mehreren Umbauten im Laufe der

Jahrhunderte noch heute als Gaststätte in Betrieb – und das Kalkhaus am Siel. Letzteres blieb bis in das 20. Jahrhundert erhalten, verfiel dann in den fünfziger Jahren mehr und mehr und wurde letztendlich abgebrochen. Aus Dokumenten der Sielbauchronik (Jeverscher Deichband, O. Tenge, 1884) geht hervor, daß die hölzernen Tore des Marien Siels um 1850 baufällig wurden. Das Sielbauwerk selbst, ebenfalls in der Bausubstanz *„stark verwittert und morsch“*, sollte erneuert werden. 1877 ist dann das erste steinerne Sielbauwerk in Mariensiel entstanden. Eine Tafelinschrift im Bogenscheitel des Bauwerkes verkündet noch heute: *„Erbaut 1877 unter der Regierung seiner Majestät des Deutschen Kaisers Wilhelm I. und seiner Königlichen Hoheit des Großherzogs Nikolaus Friedrich Peter von Oldenburg, vom Deutschen Reiche und der Rüstringer-Kniephauser-Sielacht.“*

Schließlich verlandete im 20. Jahrhundert das Mariensieler Außentief, die wasserführende Verbindung zum Jadebusen wurde immer enger. Mit sogenannten „Mudderbooten“ versuchten die Verantwortlichen, den kleinen Wasserweg für Sport- und Fischereifahrzeuge einschließlich der Entwässerung freizuhalten, denn immer noch wechselten die Ebb- und Flutströme im Außentief.

Schließlich wurde die Entwässerung in den Jadebusen aufgegeben und das Sieltief „dichtgesetzt“. Zusammen mit dem Sander „Tochschlot“ entwässerte jetzt das ehemalige Binnentief über den 1948 bis 1951 erbauten Maadesiel in den Jadebusen. Das gewaltige Bauwerk, Kostenaufwand drei Millionen DM, entwässert insgesamt 12.500 Hektar Binnendeichsländereien.

Seediek, Sande, Gödens und Neustadtgödens

Im ursächlichen Zusammenhang mit der Mariensieler Geschichte ist die überlieferte Chronik von Seediek (Remmer von Seediek, Analen von 1520) zu sehen, die an dieser Stelle im kleinen Rahmen einen Gesamtüberblick geben soll.

Wer heute das Teilstück der Kreisstraße 312 von der damaligen Bundesstraße 69 kommend – heute „Oldenburger Damm“ – bis nach Mariensiel mit seinem Auto befährt, ahnt sicherlich kaum, daß der Weg über historische Deichtrassen des Mittelalters führt. Dabei passiert der Fahrer auch die zwischen dem „Oldenburger Damm“ und dem Ort Mariensiel liegende Ansiedlung Altenhof, deren heutiger Name noch auf das frühere Kirchspiel Seediek mit dem Kirchhof („oll Hoff“) hindeutet.

Beim Bau der Kreisstraße von Sande nach Wilhelmshaven, der damaligen „Sander Chaussee“, wurden bei Ausgrabungen des ehemaligen Kirchhofes neben vielen Gesteinstrümmern auch menschliche Überreste wie Gebeine gefunden. Chroniken und Dokumente jener Zeit bewiesen unter anderem, daß das Kirchspiel Seediek um 1420 *„die beste Pfarre im Viertel Bant“* gewesen ist.

Es wird berichtet, daß Tanno Duren, der Häuptling von Jever, um 1420 die dem heiligen Felicianus geweihte Kirche in Seediek befestigen ließ. Nach dem Tode von Tanno Duren ist der Wehrgang der Kirche abgenommen und die Umwallung abgetragen worden. Die Antoni- oder Eisflut des Jahres 1511 verwüstete dann das kleine Kirchspiel Seediek so stark, daß die dort stehende Pfarrkirche aufgegeben werden mußte.

Der Kartenausschnitt vermittelt einen recht genauen Eindruck vom damaligen Jadebusen mit seinen zahlreichen Festlandresten, den Inseln, und den Eindeichungen. Die Karte stammt von etwa 1630. Der Ellenser Damm ist hier noch offen dargestellt, obwohl er bereits seit 1615 geschlossen war. Handkolorierter Kupferstich von J. Janssonius, Oldenburg Comitatus.

Aus dieser Beschreibung geht hervor, daß das im Wasser stehende Kirchspiel durch unverzügliche Bedeichung erhalten geblieben wäre. Als 1527 die Ostfriesen das Kirchspiel Jever einnahmen, hatte Edzard der Große die Alleinherrschaft über das Jeverland erworben. Statthalter wurde Boing von Oldersum, der später Remmer von Seediek kennenlernte und ihn auch zum Rentmeister machte.

Die Karte zeigt das Brack um 1650. Steindruck von ca. 1890 nach einer Karte von H. C. Musculus (koloriert durch CCV).

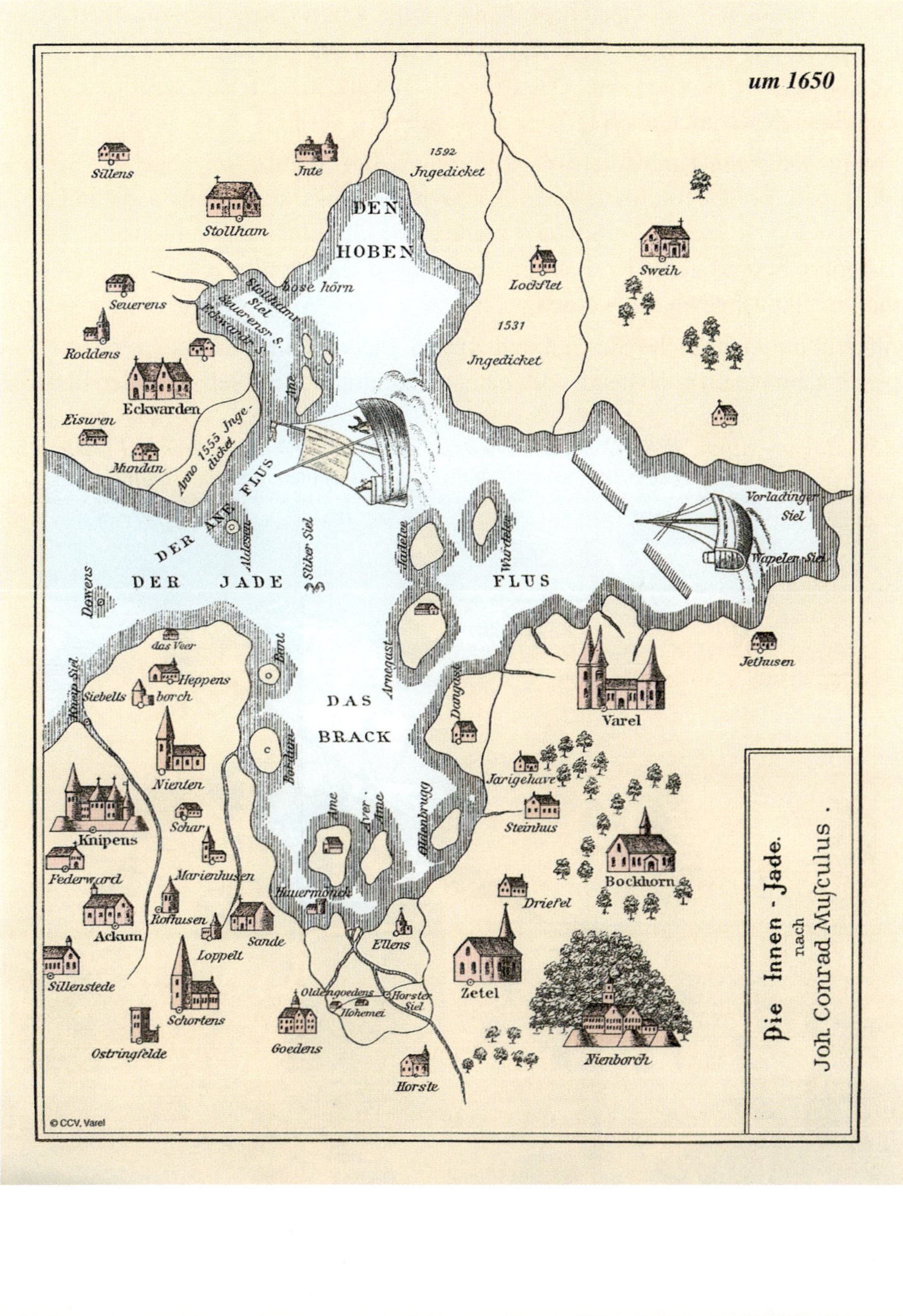

Obwohl die Seedieker nachhaltig auf die Bedeichung ihrer Ortschaft drängten, immerhin hatte das Kirchspiel damals um die 400 Einwohner, herrschte in Rüstringen bei den Verantwortlichen keine Einigkeit über die Trassenführung des geplanten Neudeiches. Bei einer Versammlung votierten die Heppenser und Neuender gegen die Seedieker, so daß der Deich weit zurückverlegt und das Dorf Seediek den Fluten preisgegeben wurde.

Dabei ist der Seedieker Kirchhof (Altenhof) durchdeicht worden. Reste von dem Kirchspiel fielen an Sande, während alle Ländereien vom Kirchspiel Bant dem Ort Neuende zugesprochen wurden.

Die Seedieker gingen von da ab nach Sande in die Kirche, berichten die alten Schriften weiter. Noch 1717 – nach der Weihnachtsflut – sollen auf dem Seedieker Kirchhof 30 Ertrunkene beigesetzt worden sein. Das wäre ein Beweis, daß ein Rest des Friedhofes trotz der Durchdeichung noch als Begräbnisstätte genutzt wurde.

Im untergegangenen Kirchspiel hat es übrigens drei Steinhäuser gegeben. Sie hießen Duddenbroch, Boingsbroch und Waterbroch – beziehungsreiche Namen, die mit den Fluten der damaligen Zeit in Verbindung stehen. Ob allerdings die gefundenen Steinreste von Altenhof beim Bau der Kreisstraße Reste dieser Häuser waren, konnte mit letzter Sicherheit nicht nachgewiesen werden.

Es gibt frühmittelalterliche Skizzen und Karten, die von einer Kirche *„up deme Sandt"* zeugen, die auf einem noch heute vorhandenen Sandrücken im Salzengroden in der Nähe

Die St.-Magnus-Kirche in Sande ist nach heimatkundlichen Quellen zwischen 1270 und 1280 entstanden. Das Gotteshaus ist danach ein frühgotischer Backsteinbau.

Der mit Schießscharten versehene Glockenturm (rechts) stammt aus dem 16. Jahrhundert.

von Cäciliengroden gestanden haben soll. Aus der Östringer Chronik (die lateinische Urschrift ist im 13. Jahrhundert, vermutlich durch einen Klostervorsteher, abgefaßt, später durch Remmer von Seediek in die Jeversche Chronik eingegliedert worden.) ist überliefert, daß während der Östringer Fehde um 1168 – andere Quellen nennen das Jahr 1157 – fünf Kirchdörfer in Östringen und Rüstringen zerstört wurden. Hier wird auch die Kirche von Sande genannt. Das Bremer Archidiakonatsregister nennt in einer Zusammenstellung der Rüstringer Kirchspiele von 1420 ebenfalls die Sander Kirche.

Aus der Geschichte der historischen Sturmfluten ist bekannt, daß sich im Westteil der Jade mit dem während der Marcellusflut 1362 eingebrochenen „Schwarzen Brack" und in dem durch die Antoni- und Eisflut 1511 „verwüsteten" Banter Viertel mit der weiteren Ausdehnung der „Salzen See" in südlicher und westlicher Richtung große Veränderungen in der Marsch- und Moorlandschaft ergeben haben. Nur die Geestlandschaften konnten den Fluten, weil vielfach „hoch gelegen", Einhalt gebieten. Als unmittelbare Folge mußten in der Marsch – so die Chroniken – die in der Nähe der Sander Kirche liegenden Orte Ahm und Seediek mit den dazugehörigen Kirchen und Ländereien dem Salzwasser überlassen werden. Die damals verlorenen Gebiete der Kirchspiele Sande, Ahm und Seediek lagen in etwa dort, wo heute Neufeld, der Tannesche Groden und Cäciliengroden liegen.

Im gleichen Zeitraum bildeten sich an der Maade neue Marschflächen, die nach der Abdeichung der nordwestlichen Bucht und dem damit verbundenen Bau des Kniphauser

Sieles im Jahre 1520 Siedler anzogen, die das Land bewirtschafteten. Die aus dem Gebiet um Neustadtgödens zufließende Maade bildete südwest- und westlich von Sande einen Bogen, folgte dann der Linienführung westlich und nördlich von Sande, machte um Sanderbusch und Altmarienhausen erneut einen Bogen und floß dann nördlich von Neumarienhausen und Mariensiel in die Jade.

Erst 1530, lange Zeit nach den durch die Sturmfluten verursachten Landverlusten, fanden sich die Kirchspielreste der Orte Sande, Ahm und Seediek zu einem neuen Kirchspiel zusammen, aus dem die heutige Gemeinde Sande hervorgegangen ist. Alte Flurnamen in der Region deuten noch heute auf die mittelalterlichen Verhältnisse hin.

Nach 1512 versuchten die dort lebenden Menschen, das verwüstete Land durch den Neubau von Deichen zu schützen und mit dem Voranschieben der Dämme neue Grodenflächen dem Meer abzuringen. 1516 wurde südlich von Sande der Sander Altendeich gebaut, und 1523 entstand der nordöstlich über Seediek (Altenhof) und Mariensiel bis an den alten Banter Deich führende Bulsterdeich. Im Süden ging der Altendeich bis in die Deichlinie Neustadtgödens–Sanderahm, die Fuleriege. Der Deich war 1525 gegen die Fluten des „Schwarzen Brack" errichtet worden. Vom 16. bis in das 19. Jahrhundert entstanden weitere Deiche und Groden, auf deren Auflistung an dieser Stelle nicht eingegangen werden kann.

Nach der Maade-Abdeichung und der Fertigstellung des Kniphauser Siels im Jahre 1520 ist auch das Gebiet der Maadeschleife im Westen und des Maadebogens im Norden von Sande „besiedelt" worden. Von 1564 bis 1571 ließ die Regentin des Jeverlandes, Fräulein Maria, im heutigen Altmarienhausen bei Sanderbusch das „Grashaus auf dem Sande" bauen. Zur gleichen Zeit entstanden der Hofplatz Leyleckerhörn zwischen der Maade und dem später gebauten Ems-Jade-Kanal und das 1551 errichtete landwirtschaftliche Gut Sanderbusch, das dem Kanzler und Jeverschen Rentmeister, Remmer von Seediek, gehörte. Weiter östlich davon lagen das

Die alte Hofstelle „Altmarienhausen" bei Sanderbusch wurde von Maria zu Jever 1564 als „Grashaus auf dem Sande" errichtet und später schloßartig erweitert. Es verfiel 1806 und mußte im Jahre 1826 bis auf den Turm abgerissen werden. Der Turm, mehrfach restauriert, ist heute noch erhalten und kann bestiegen werden.

„herrschaftliche Vorwerk Neumarienhausen" und der 1550 von Remmer von Seediek errichtete Hof Sande-Seediek.

Wie schon einmal angedeutet, gibt es in der Gemeinde Sande zahlreiche alte Flurnamen mit geschichtlicher Bedeutung. Zu nennen sind hier die Begriffe Leyleckerhörn, Fuleriege, Quersack, Flüchterei, Kielerei, Punerei, Bexerei, Finkennest, Hohewarf, Hamptwarf und Maddik (Maadedeich).

Sande war nach Angaben der jüngeren Geschichte Postkutschenstation, die von Oldenburg über den Ellenser Damm, die Fuleriege, den Sander Altendeich und die Dollstraße verkehrte. In der Poststation, dem früheren Gemeindehaus, wurden die Pferde gewechselt. Nach Angaben des Wilhelmshavener Heimatlexikons blieb Sande lange Zeit ein kleines Dorf mit einigen Geschäften und Handwerksbetrieben, aber ohne geschlossene Bebauung. Aufgegliedert in vier Bauerschaften mit den Flurnamen Sande, Seediek, Sanderahm und Salzengroden sind 1825 genau 183 Feuerstellen mit 825 Einwohnern registriert worden. Genannt wurden außerdem 15 Hausleute, 28 Heuerleute und 140 Häuslinge. 1895 werden 196 Wohnhäuser mit 1.193 Einwohnern genannt.

Wirtschaftlich positiv hat sich für Sande zu Beginn des 20. Jahrhunderts die unmittelbare Nähe der Jadestadt Wilhelmshaven ausgewirkt, denn zahlreiche Beschäftigte standen bei der Marinewerft in Arbeit und Lohn. Zwei militärische Forts wurden in Mariensiel errichtet, und in Neufeld, Sanderbusch, Mariensiel und Middelsfähr entstanden Wohnhäuser für die Werftarbeiter und Soldaten. Industriebetriebe wie die Metallgießerei Sande und der Norddeutsche Eisenbau siedelten sich an. Während dieser Zeit erhielt Sande einen neuen Bahnhof sowie diverse Bahndämme. Sande wurde Verschiebe- und Rangierbahnhof für die Gütertransporte nach Wilhelmshaven, erhielt ein Marinelazarett, das jetzige Nordwestkrankenhaus. 1925 verzeichneten die Verantwortlichen in Sande 2.644 Einwohner und 1939 bereits 4.813 Einwohner.

Im Zuge der oldenburgischen Verwaltungsreform ist Sande 1933 der Großgemeinde Östringen angegliedert worden. Zum 1. April 1948 wurde die alte Gemeinde wiederhergestellt. Große kirchengeschichtliche Bedeutung hat die in der Zeit um 1270 bis 1280 erbaute St.-Magnus-Kirche mit dem Glockenturm, der allerdings erst im 16. Jahrhundert angebaut wurde. Die Kirche ist ein frühgotischer Backsteinbau mit halbrunder Apsis.

Die aus Chroniken und alten Schriften überlieferten Daten zur Geschichte der Kirchspiele Gödens und Neustadtgödens, am damaligen „Schwarzen Brack" gelegen, sind derart unterschiedlich wiedergegeben, daß selbst ein heimatkundlich interessierter Historiker große Mühen hat, die tatsächlichen Fakten einem realistischen und damit geschichtlichen Hintergrund zuzuordnen.

Nach urkundlichen Angaben (Nachdruck vom Kirchenregister Ostfriesland, Anno 1268) war Alt-Gödens ein mittelalterliches Kirchspiel in Östringen, welches erstmalig als Godinge im Jahre 1159 erwähnt wird. Nach glaubwürdigen Berichten muß das kleine Dorf bei Hohemey, der späteren Landesgrenze und Zollschranke der Ostfriesen, auf einem natürlichen Geesthügel errichtet worden sein. Am Anfang der Besiedlung dürften es einige wenige Häuser gewesen sein. Hier führten Mitglieder des Heimatvereins Gödens-

Teilausschnitt der Herrschaft Jever am „Schwarzen Brack“ nach einer historischen Karte des Niedersächsischen Staatsarchives Oldenburg mit den Dörfern Gödens, Östringfelde, Schortens und Neustadt. Im Bild rechts der Gödenser Siel, Ausgangspunkt für die Schiffahrt. (Archivnummer: Best. 298 Z, 292 b).

Zu Beginn des 17. Jahrhunderts stellten die Zeichner die „Niestadt und den Goedenser Siel“ mit Windmühle und Kirchenbau dar. Reproduktion nach einer Karte des Niedersächsischen Staatsarchives Oldenburg (Archivnummer: Best. 298 Z, 292 a).

Sande 1983 verschiedene Grabungen durch und fanden in einer etwa zwei Meter hohen Wurt eindeutige Siedlungsspuren wie Ton- und Keramikscherben, Tier- und Menschenknochen, die nach Aussagen von Fachleuten auf das 9. Jahrhundert nach Christus zurückzuführen sind.

Tatsache ist, daß mit der Marcellusflut des Jahres 1362 die westliche Ausdehnung der sogenannten „Salten See" bis nach Alt Gödens reichte. Hier floß das Jadewasser mit dem Friedeburger Tief zusammen. Weil vor der Entstehung des Bracks das Friedeburger Tief in die Maade entwässerte, legten die Siedler im 1544 gebauten Deich bei Hohemey einen neuen Siel an, um die von der Wasserflut geschaffenen Möglichkeiten für sich zu nutzen. Nunmehr entwässerte das ostfriesische Tief in die Jade.

Zu dem Zeitpunkt gehörte die Herrlichkeit Gödens mit weiteren fünf im Fürstentum Ostfriesland benannten Herrlichkeiten zu den *„adeligen Ansiedlungen"*, wie es in einem Journal niedergeschrieben wurde. 1427 ist erstmals der Begriff „Herrlichkeit Gödens" geprägt worden. Verantwortlich dafür war das seit etwa 1350 herrschende Adels- und Häuptlingsgeschlecht der Boings, die in „Olde-Gödens" bereits eine Holzkirche erbaut hatten. Das Bauwerk soll 1219 von der Marcellusflut „weggespület", im Kirchenregister 1268 aber noch einmal als „Old-Godinge Kark" genannt worden sein. Nach anderen Quellen hat Häuptling Ine Widdiken aus Etzel das Gotteshaus im Jahre 1385 in Flammen aufgehen lassen. In einer Auflistung aller alten Kirchspiele von 1420, dem Bremer Archidiakonatsregister, ist dann der Ort Gödens nicht mehr enthalten. Nur der Kirchhof blieb bis in das 16. Jahrhundert als urkundlicher Beweis für „Olde-Gödens" ein Hinweis auf die damals vorhandene Kirche. Ab 1514 wird die Kirche von Dykhausen als Pfarrkirche von Gödens nachgewiesen.

Der Chronist Remmer von Seediek hat 1516 die Burg der Gödenser Häuptlinge als *„Huseken"* beschrieben, was nach den heutigen Erkenntnissen als das Gegenteil von *„groß und bedeutsam"* anzusehen ist. Während der Sächsischen Fehde von 1514–1517, in der eine starke Fürstenkoalition gegen Graf Edzard von Ostfriesland Krieg führte und zeitweilig die Existenz der Grafschaft Ostfriesland bedrohte, wurde die Burg erobert und zerstört und später an der Stelle des jetzigen Wasserschlosses Gödens neu aufgebaut. Die Besitzverhältnisse sind ebenso schwierig zu ergründen wie die damit verbundenen heimatkundlichen Geschichtsdaten. Nicht einmal Georg Sello, er galt als scharfsinniger Historiker, fand hier mit Hilfe vorhandener Schriften und Dokumente den richtigen Weg. Mehrere Häuptlingsfamilien sollen in jener Zeit versucht haben, die befestigte Burg in ihren Besitz zu bringen. Genannt werden dabei die aus Etzel stammenden „Widdiken" und die aus Dykhausen kommenden „Boing". Zu Beginn des 16. Jahrhunderts regierte Hicco von Oldersum in der Herrlichkeit Gödens mit den Fluren Olde-Gödens, Dykhausen, Silland und Loppelt. Der Ort Loppelt ist nach urkundlichen Berichten einst ein Hafenplatz an der Maadebucht gewesen. Berichte von der Sturmflut des Jahres 1511, der Antoni- und Eisflut, lassen erkennen, daß durch Einheirat das Grafengeschlecht Frydag in den Besitz der Gödenser Burg gelangte, denn die bald nach 1517 an der Stelle des jetzigen Schlosses erbaute Burg wurde 1671 nach einem Feuer von 1669 durch den Grafen

Das 1671 mit niederländischen Renaissance-Baustilelementen wiederaufgebaute Wasserschloß Gödens mit dem Schloßpark kann täglich besichtigt werden. Es besteht aus der Vorburg und dem zweiflügeligen auf einer Insel gelegenen Hauptgebäude.

Rundbogentor als Eingang zur Vorburg mit Dreiecksgiebel, Wappen und Chronogramm, welches die Jahreszahl 1652 beinhaltet.

Haro Burchard von Frydag (1640–1692) wieder aufgebaut. Zitat aus dem Wilhelmshavener Heimatlexikon: *„Das damals entstandene, bis in die heutige Zeit überkommene Schloß Gödens übertrifft an Größe und kunstgeschichtlicher Bedeutung alle übrigen ostfriesischen Schlösser und Burgen.“*

Wie bereits erwähnt, gehörten zur Herrlichkeit Gödens das Gut Loppelt, der Gödenser Groden sowie die Kirchspiele Dykhausen und Neustadtgödens. 1839 kam die Herrlichkeit Gödens in den Zuständigkeitsbereich des Amtes Friedeburg, dann 1859 zum Amt Wittmund und 1884 zum Kreis Wittmund. Im Zuge der Verwaltungsreform wurde Gödens 1972 der oldenburgischen Gemeinde Sande zugeschlagen und gehört seit jener Zeit zum Landkreis Friesland.

Die Entstehungsgeschichte des Jadebusens macht deutlich, daß das in der Marcellusflut des Jahres 1362 entstandene und in der Antoniflut des Jahres 1511 erweiterte „Salten Brack“ bis weit nach Ostfriesland in die Friedeburger Geest hinein reichte. Die auflaufenden Fluten veränderten die bis dahin übliche Entwässerung in die Maade, so daß nach dem Einbruch der See das Friedeburger Tief über die Jade entwässern konnte. Fast alle nach der Antoniflut hergestellten Deiche erhielten neue Sielbauwerke, darunter war auch der Gödenser Siel in der 1525 erbauten Deichlinie Neustadtgödens–Sanderahm, der sogenannten „Fuleriege“. Hier siedelten sich direkt am Siel um 1544 niederländische Auswanderer als Glaubensflüchtlinge an, die wegen ihres Glaubens – es waren Mennoniten – im Heimatland mit *„Leib und Leben“* bedroht waren. Die Grafenfamilie Frydag, der katholischen Konfession verpflichtet, gewährte den Andersgläubigen in

Nach geschichtlichen Unterlagen wurde es 1695 den Lutheranern erlaubt, eine Kirche zu bauen. Sie ist noch heute im Ortskern vorhanden und bestimmt das Panorama der Siedlung Neustadtgödens.

der „Niestadt“ bei Gödens ein nicht befristetes Wohnrecht sowie Freiheit in der Wahl und in der Ausübung der Religion.

Am neuen Siel entstand bald lebhafter Seehandel. Boote und Lastenschiffe kamen durch die Priele des „Schwarzen Bracks“ an die befestigte Sielanlage, um Ladungen aufzunehmen oder zu löschen. Ewer, Tjalken, Kuffen und Schmacken hießen die Segelschiffstypen, die dem neuen Sielhafenort Neustadtgödens an der „Salten See“ wirtschaftliche Impulse gaben. Der Ort erwarb nach zeitgenössischen Berichten *„ansehnlichen Wohlstand und eine durch den Handel bedingte wirtschaftliche Blüte“.*

Als 1615 mit dem Bau des Ellenser Dammes das „Swarte Brack“ durchdeicht wurde, geriet Neustadtgödens in eine unverschuldete Existenznot. Obwohl an die 200 Handwerker in der „Niestadt“ tätig waren, kam 1780 das dort ansässige Weberhandwerk durch die aufkommende Textilindustrie zum Erliegen. Selbst die noch stattfindenden Pferde- und Viehmärkte sowie ein über die Region hinaus bekannter Flachsmarkt konnten Neustadtgödens vor dem wirtschaftlichen Untergang nicht mehr retten. Dank der vom Grafen verbrieften Religionsfreiheit konnte sich der ehemalige Sielhafenort am „Schwarzen Brack“ wieder erholen. Handwerksbetriebe aller Art, Herbergen und Gaststuben, Kontore und Kanzleien ließen das kleine Dorf bald *„wieder wirtschaftlich aufblühen“*. Zu der Zeit gab es in Neustadtgödens eine mennonitische, reformierte, lutherische, katholische und später sogar eine jüdische Kirche. Das katholische Gotteshaus wurde 1715, der Turm der lutherischen Kirche 1714, die reformierte Kirche 1715, das mennonitische Gotteshaus 1741 und die jüdische Synagoge 1852 errichtet.

Mariensieler Schiffahrt- und Eisenbahngeschichte

Relativ kurz, nämlich von 1850 bis 1884, währte die Blütezeit der See- und Wattenschiffahrt im damaligen Sielhafenort Mariensiel, obwohl bereits im frühen Mittelalter Boots- und Schiffsbewegungen am „Marienhäuser Syhl“ an der Tagesordnung waren. Davon soll aber an dieser Stelle nicht die Rede sein.

Flachgehende Schiffe wie einmastige Mutten und Tjalken sowie zweimastige Kuffen und Schmacken zwischen 12 und 25 Metern Länge liefen als Frachtensegler den tidenabhängigen Hafen Mariensiel an. Breit und füllig gebaut, verfügten die Schiffe über große Frachträume, deren Volumen nach Lasten ausgelegt waren. Zeitgenössische Chronisten (Böse, 1836; Chronik der Stadt Wilhelmshaven, Band II, 1853–1945) überlieferten, daß eine Last mit 2.000 Kilogramm beziehungsweise zwei Tonnen gleichzusetzen ist. Daneben sind auch Fischerfahrzeuge, sogenannte Fischewer, im Mariensieler Hafen registriert worden.

In der topografischen Beschreibung über das Großherzogtum Oldenburg schreibt K. G. Böse 1836 über die von vielen unterschätzte Bedeutung der Schiffahrt im Jeverland folgendes: *„In den Sielen des Jeverlandes findet ein ziemlich reger Schiffsverkehr statt: namentlich sind Mariensiel, Rüstersiel, Hooksiel und Horumersiel durch kleine Hafenanlagen ausgezeichnet.“* Andere Zeitgenossen berichten von durchaus angepaßten Häfen mit Kajenanlagen, Dalben und anderen Anlegestellen einschließlich der Zufahrten für Pferdefuhrwerke. Die dafür in den Deichen eingebauten Deichscharten (Durchlässe) ließen einen regen Transportverkehr zwischen den im Hafen liegenden Schiffen und den an Land ansässigen Firmen zu.

Weiter läßt Böse wissen, daß das Amt Jever am 1. Januar 1851 insgesamt 57 Schiffe von zusammen 1.347 Lasten mit 161 Mann Besatzung registriert hatte. Im Durchschnitt waren die Schiffe 25 Lasten groß, also 50 Tonnen tragende Segelschiffe mit ebenem Kiel.

Jahre später vermerkt das Amt Jever in seinen Büchern, säuberlich von Hand eingetragen, insgesamt 39 Schiffe von zusammen 1.002 Lasten und 115 Mann Besatzung. Daraus ergibt sich für die Statistik ein Durchschnittswert von 25 bis 26 Lasten und drei Mann Besatzung für jedes Schiff.

Deutlich ist aber auch aus diesen Zahlen eine rückläufige Tendenz im Jeverländischen Schiffsverkehr erkennbar. 1858 wurden in Mariensiel 23 Seeschiffe mit 746 Lasten und 82 Mann, in Rüstersiel 11 Schiffe mit 399 Lasten und 42 Mann, in Inhausersiel vier Schiffe mit 136 Lasten und 14 Mann, in Hooksiel 59 Schiffe mit 2.253 Lasten und 225 Mann und in Horumersiel acht Schiffe mit 308 Lasten und 32 Mann Besatzung registriert. Danach offenbart die Seeschiffahrtsstatistik für das Jeverland ein Verkehrsaufkommen von 105 Schiffen mit 3.842 Lasten und 395 Besatzungsmitgliedern. Nicht ent-

Das Gebäude mit der „Anmeldestelle für den Schiffsverkehr" ist nicht mehr vorhanden. Es wurde beim Explosionsunglück zerstört.

Über das abgebildete Mariensieler Außentief konnte sich im 19. Jahrhundert von und nach Mariensiel die Seeschiffahrt entwickeln. Es verlandete endgültig, das Tief wurde „dichtgesetzt".

Das 1877 erbaute, später vom Verfall bedrohte steinerne Sielbauwerk in Mariensiel ist 1982 zum Baudenkmal hergerichtet worden.

halten in der Statistik sind Fischerboote und kleinere Transportkähne, die ebenfalls in der Wattenschiffahrt eine Rolle spielten.

Die Eigner dieser Schiffe und Boote waren in der Regel von der Zahlung der Hafengeldgebühren befreit, obwohl die Oldenburger Obrigkeit nachweislich bereits im 18. Jahrhundert Hafen- und Liegegelder kassierte (Mariensiel, Ellenserdammersiel, Varel). Möglicherweise ist das der Grund für das Fehlen jeglicher Angaben dieser Schiffs- und Bootstypen in den schriftlichen Überlieferungen.

Weitaus größer war im gleichen Zeitraum das Verkehrsaufkommen der Schiffe in der Küsten- und Flußschiffahrt. Allein der Historiker Böse nennt für die Häfen Mariensiel, Rüstersiel, Inhausersiel, Hooksiel, Crildumersiel, Hohenstiefersiel, Horumersiel und die Insel Wangerooge insgesamt 1.883 Schiffsbewegungen mit 28.321 Lasten und 3.818 Mannschaften.

Ergänzende Angaben über den Schiffsverkehr im Sielhafen Mariensiel sind in der Chronik der Jadestadt Wilhelmshaven von 1853 bis 1945 zu finden. Die Details stammen aus Aufzeichnungen der Oldenburger Staatshandbücher aus den Jahren 1852 bis 1866 und 1872 bis 1884.

Im erstgenannten Zeitraum wurden in Mariensiel insgesamt 308 angekommene und abgegangene Seeschiffe mit 10.800 Lasten und 1.081 Besatzungsangehörigen gezählt. Hinsichtlich der ein- und ausgelaufenen Küstenschiffe und Flußboote beliefen sich die Schiffahrtsbewegungen im gleichen Zeitraum auf genau 1.565 Einheiten mit 23.417 Lasten und 3.250 Decksleuten. Schließlich ist noch zu erwähnen, daß von 1872 bis 1884 insgesamt 1.219 Schiffsbewegungen in Mariensiel gezählt wurden.

Zwischen 1865 und 1902 liefen nur noch wenige Schiffe den Ort Mariensiel an, dessen Hafenunterhaltung zu der Zeit 486 Mark kostete. Obwohl der Sielhafen noch über Lade- und Löscheinrichtungen verfügte, brachten die Einnahmen aus dem Hafenbetrieb nachweislich nur wenig Geld ein.

Chroniken (Chronik der Stadt Wilhelmshaven, Band II, 1853–1945) berichten, daß im Jahre 1901 nur noch 17 Schiffe im Auftrage einer Mariensieler Firma ihre Ladung löschten. Letztendlich beschloß die für den Hafenbetrieb zuständige Sielacht im Jahre 1910, den Hafenbetrieb für immer einzustellen. Damit war das Schicksal des kleinen Hafens besiegelt, denn die Plattbodenschiffe blieben nun gänzlich dem Hafen fern. Kein Segelschiff transportierte mehr Getreide, Torf und Kohlen zum Sielhafen. Aber auch Schlengenbaumaterialien, Muscheln und Kalk, lebende Tiere wie Schafe, Ziegen und Kühe, mußten nun bei Bedarf auf dem Landwege nach Mariensiel befördert werden. Für viele in Mariensiel ansässige Firmen und Unternehmen bedeutete die Einstellung des Hafenbetriebes den geschäftlichen Ruin. Der Bau der Großherzoglichen Eisenbahn von Oldenburg nach Heppens (Wilhelmshaven) im Jahre 1867 sowie die Schaffung des Ems-Jade-Kanals im Jahre 1885 mit dem zügigen Ausbau des Kriegshafens Wilhelmshaven (früher Heppens) und der Beginn des Maschinenzeitalters einschließlich der Dampfschiffahrt ließen Mariensiel als Sielhafenort in die Bedeutungslosigkeit absinken. Als Hafenort hatte Mariensiel nur noch historischen Wert. Der Ems-Jade-Kanal wurde bald nach seiner Fertigstellung von den Binnenschiffern genutzt. Von Emden brachten die Schiffe über die neue Wasserstraßenverbindung viele Güter in die Jadestadt. Am Kanal in Mariensiel wurde deshalb eine Anlegestelle für Schiffe und eine amtliche Anmeldestelle für den Schiffsverkehr eingerichtet und in der Folgezeit unterhalten.

Mit dem Eisenbahnbau fand in der Mitte des 19. Jahrhunderts ein elementarer Umbruch der Verkehrssituation im Jeverland, dem Oldenburger Land sowie in den Küstenregionen statt. Nach den Chroniken (Eisenbahn-Archiv H. Schmidt †, Oldenburg. Veröffentlichungen in der Nordwest-Zeitung, Oldenburg.) entstand 1856 die Westbahn Osnabrück–Leer, und die Streckenführung Bremen–Oldenburg–Varel–Heppens (Wilhelmshaven) folgte im Jahre 1867. In den weiteren Jahren wurden die Bahnstrecken Sande–Jever (1871), Jever–Esens–Norden (1883) und Jever–Carolinensiel (1888) mit Anschluß nach Harle beziehungsweise Harlesiel (1890) gebaut.

Genaue Daten aus der Eisenbahngeschichte sammelte der in Oldenburg verstorbene Herbert Schmidt, der sich wie kein anderer in den Archiven der Eisenbahngeschichte auskannte. Danach wurde am 16. Februar 1864 der Staatsvertrag über den Bau und Betrieb der Eisenbahnlinie Oldenburg–Heppens, später Wilhelmshaven, zwischen dem Großherzogtum Oldenburg und dem Königreich Preußen unterzeichnet. Im gleichen Zeitraum erfolgte der Erwerb von Grund und Boden für die geplante zweigleisige Bahn, die aber zunächst nur eingleisig realisiert werden konnte. Angaben von Schmidt zufolge wurde der erste Spatenstich für die Oldenburger-Heppenser-Bahn am 12. Juni 1865 getan. Der Bau der Strecke durch die Ländereien des preußischen Staates dauerte von 1865 bis 1867.

Die Betriebseröffnung war am 3. September 1867 und wurde von Offiziellen und Schaulustigen an allen Streckenorten als Jahrhundertereignis gefeiert. Als Betreiber der Bahn war die sogenannte Großherzoglich-Oldenburgische-Eisenbahn (GOE) verantwortlich. Die Betriebslänge der Eisenbahn maß damals 6,97 preußische Meilen, umgerechnet 52,5 Kilometer. Neun Jahre später gelang die Herstellung des Bahnanschlusses Mariensiel mit Rüstersiel. Die Festungseisenbahn, damaliger Ausdruck der Bevölkerung für die Bahn, hatte den Betrieb aufgenommen.

Weiter geht aus den genannten Aufzeichnungen hervor, daß am 1. April des Jahres 1888 eine Eisenbahnhaltestelle in Mariensiel eingerichtet wurde. Wenig später erhielten alle großen und bedeutenden Streckenorte Bahnhöfe mit Empfangsgebäude, Schalterhalle und Frachtkontor. Der triumphale Siegeszug der mit Dampf angetriebenen Eisenbahn war nicht aufzuhalten.

Der Eisenbahnverkehr nahm ständig zu. Schon im Jahre 1890 verkehrten täglich 14 Züge auf der Strecke Wilhelmshaven–Sande–Jever und umgekehrt. Mariensiel entwickelte sich damals zum Eisenbahnverkehrsknotenpunkt, denn im Jahre 1886 begann die Kaiserliche Marine-Hafenbaukommission zu Wilhelmshaven mit dem Bau der Linie für den Ems-Jade-Kanal (erbaut zwischen 1880 und 1888), die unter die Bahnstrecke Oldenburg-Wilhelmshaven hindurchgeführt werden mußte. Damit rückte der Sielhafenort in den Mittelpunkt baulicher „bahnamtlicher Veränderungen".

Die Postkartenreproduktion zeigt das im Jahre 1899 errichtete Empfangsgebäude des Bahnhofes Mariensiel. Die Aufnahme ist im Jahre 1911 entstanden. Später ist das Gebäude abgerissen worden.

Vor dem sogenannten Haltepunkt in Mariensiel steht ein haltender Personenzug, gezogen von einer Lokomotive der Baureihe 38.

Am Ort mußte eine Drehbrücke mit einem Brückenwärterhaus errichtet werden. Zur gleichen Zeit wurde die Bahnhaltestelle Mariensiel an das Brückenwärterhaus verlegt. Wenig später entstanden dann ein Weichenwärterwohnhaus und 1898 eine solide Brücke über das Mariensieler Tief und eine weitere Drehbrücke über den Kanal. Beide Brücken waren für die Eisenbahn mit dem durchgehenden Gleisstreckennetz erforderlich geworden.

Im Jahre 1899 erfolgte der Bau eines regulären Stationsgebäudes in Mariensiel, und 1901 wurde ein Stellwerk für Weichen und Signale an der Abzweigung zwischen Sande und Mariensiel fertiggestellt. Die Inbetriebnahme aller Signalelemente erfolgte 1905, der Bau einer Unterstellhalle 1908 und die Errichtung eines Wohnhauses 1909. Wenige Jahre später erhielt Mariensiel eine Unterführung mit Aufbauten. Hier wurden die Stellwerksanlagen untergebracht und die Fahrkartenausgabe eingebaut. Schließlich ging am 1. Januar 1914 die Eisenbahn Oldenburg–Wilhelmshaven für 23 Millionen Mark in den Besitz des Oldenburgischen Staates über.

Am 5. April 1939 erfolgte die Inbetriebnahme der zwei Rollklappbrücken über dem Ems-Jade-Kanal in Mariensiel. Mit einer Stützweite von 10 und 18,3 Metern, einer Wei-

Die Schankwirtschaft „Jäger-Heim“ ist nach urkundlichen Angaben das älteste Haus in Mariensiel. Noch heute als Gaststätte erhalten, ist es bereits 1785 als „Brauhaus“ erwähnt worden.

Das ebenfalls 1785 auf einer Skizze benannte „Kalkhaus“ ist nicht mehr vorhanden. Es wurde baufällig und 1972 abgerissen.

te von 16,7 Metern und einer Höhe von 3,6 Metern galten sie damals als technische Meisterleistung. Die Stahlbrücken behinderten den Schiffsverkehr auf dem Kanal in keiner Weise.

Obwohl 1952 die Haltestelle Mariensiel noch als selbständige Dienststelle genannt wird, kündigt sich bereits die Stillegung des Bahnhofes für den Personen- und Güterverkehr durch verschiedene Maßnahmen und Planungen an. 1963 wird der Bahnhof Mariensiel mit Wirkung vom 1. Dezember „verkehrlich“ in eine Agentur umgewandelt, obwohl im gleichen Jahr die induktive Zugsicherungseinrichtung von Varel bis Wilhelmshaven auch für den Bahnhof Mariensiel in Betrieb genommen wurde. Schließlich wurde am 22. Mai 1977 (Fahrplanwechsel) der Reisezugverkehr auf der unbesetzten Haltestelle Mariensiel völlig eingestellt. Die früher angelegten Bahnsteige wurden zurückgebaut, die Aufbauten und die Unterführung endgültig abgebrochen. Damit war ein Stück Mariensieler Eisenbahngeschichte zu Ende gegangen.

Nach der aus wirtschaftlichen Gründen und verschiedenen strukturellen Veränderungen aufgegebenen Hafenwirtschaft in Mariensiel, denn der Deichbau von Wilhelmshaven nach Mariensiel hatte bereits 1904 das Außentief verlanden lassen, besannen sich die Bürger um die Jahrhundertwende erneut auf die von der Stadt Wilhelmshaven ausgehenden wirtschaftlichen Impulse. Da die Jadestadt aufgrund des weiteren Aufbaues einen großen Bedarf an Baumaterialien aller Art hatte, entstanden in Mariensiel mehrere Holz - und Baustoffhandlungen. 1899 wurde auf der Ebkeriege in der Nähe von Mariensiel die Ziegelei Mehrtens und Co. gegründet. Das Rohmaterial für die Ziegelsteine, ein Ton- beziehungsweise ein Lehmgemisch, wurde direkt in der Nähe des Ziegelwerkes abgebaut. Die Ziegelei hatte zeitweise eine Jahresproduktion bis zu 10 Millionen Steinen, die auf dem Land- und Wasserwege (Ems-Jade-Kanal) abtransportiert wurden.

Hunderte von Arbeitern sorgten dafür, daß der Mariensieler Klinker oder Ziegelstein zu einem Qualitätsbegriff wurde. Dennoch stellte die Ziegelei nach 66jähriger Ziegelproduktion im Jahre 1965 die Steinefabrikation ein. Die Fabrikationshallen und Trocknungsanlagen wurden abgebrochen. Nur das damalige Büro- und Arbeiterhaus der Ziegelei blieb erhalten und ist heute immer noch an der Ebkeriege zu bewundern: ein Ziegelsteinindustriebau mit klassischen Stilelementen der Kaiserzeit. Weiter richtete die Zollbehörde in Mariensiel eine Meldestelle für den Schiffsverkehr ein, die Post eröffnete eine Agentur, und Mariensiel wurde mit einem Bahnhofsgebäude Eisenbahnhaltestelle für den Personen- und Güterverkehr. Zahlreiche Handwerksbetriebe ließen sich im Dorf nieder – genannt werden in den Chroniken eine Hufschmiede, eine Klempnerei, eine Schuhmacherwerkstatt, eine Dampfbäckerei und ein Friseursalon. Gemüseläden, Kolonialwaren- und Brennstoffhändler, ein An- und Verkaufsunternehmen, eine Gärtnerei und ein großer Gartenbaubetrieb betrieben in Mariensiel ebenfalls ihre Geschäfte. Heinrich Flacke, er führte seit 1912 den genannten Gartenbaubetrieb, hielt sich im gleichen Jahr ein neuzeitliches Automobil, das er in einem Speicher unterstellte.

Zur damaligen Zeit konnte jeder Interessent in Mariensiel für ganze fünf Mark pro Quadratmeter Grund und Boden erwerben. Für viele Geschäftsleute und Unternehmen ein Anreiz, sich in Mariensiel niederzulassen. Die unmittelbare Folge: Hotels, Gaststätten und Schankwirtschaften wuchsen wie Pilze aus dem Boden. In Mariensiel nahm der 1927 eröffnete Flugplatz seinen Betrieb auf, und Badekabinen am Mariensieler Tief hinter dem Deich lockten die ersten Badegäste an.

Bereits um die Jahrhundertwende herrschte im ehemaligen Sielhafenort Mariensiel ein „flottes Leben“, denn in der damaligen Festung an der Fortifikationsstraße (heutige Umfangstraße) waren Rekruten des zweiten Seebataillons der Kaiserlichen Marine eingerückt. Sie wurden von Unteroffizieren und Offizieren innerhalb der Kaserne auf den Dienst in den überseeischen kaiserlichen Kolonien vorbereitet.

Sie brachten mehr oder weniger Leben in das Dorf. Davon profitierten in erster Linie die zahlreichen Gastwirtschaften, Tanzlokale und Hotels. Damals verfügte Mariensiel über eine Restauration am Bahnhof, Hotel- und Gaststättenbetrieb „Marienburg“, „Jäger-Heim“ und den „Mariensieler Hof“. Scherzhaft nannten die Soldaten die „Marienburg“ auch „Schüttelburg“, dort wurde an Sonn- und Feiertagen oft bis zum Morgengrauen des nächsten Tages durchgetanzt.

Die dörfliche Idylle und das geschäftige Treiben im Ort überdeckten vorerst die drohenden Schatten eines europäischen Krieges. Schließlich wurde in Sarajewo der Thronfolger ermordet, der Erste Weltkrieg begann. Die Folgen waren für alle Beteiligten verheerend. Während die Ortschaft Mariensiel relativ glimpflich davonkam, wurde die Hafenstadt Wilhelmshaven schwer in Mitleidenschaft gezogen. Doch die Bevölkerung machte sich unverzagt an den Wiederaufbau. Aber wenig später verursachten zwei größere Munitionexplosionsunglücke in der Nähe von Mariensiel mehr Leid und Kummer als die Auswirkungen des Krieges.

Im dicht bei Mariensiel gelegenen Artilleriedepot lagerten nach dem Ersten Weltkrieg große Mengen an Geschützmunition. Mit der Entschärfung und Beseitigung der Granaten war damals eine Hamburger Verwertungsgesellschaft beauftragt worden, deren Arbeiter aufgrund der gefährlichen Arbeit mit diversen Sonderzulagen ihren Job im Depot verrichteten. Obwohl die Verwertungsgesellschaft viele Sicherheits- und Schutzbestimmungen beachtete, kam es zu einem Explosionsunglück im Betrieb.

Am 17. Dezember 1919, die Zeiger der Uhren in den Wohnhäusern zeigten exakt 13.30 Uhr an, erschütterte eine gewaltige Detonation das Gebiet um das Artilleriedepot in Wilhelmshaven. Dem ohrenbetäubenden Knall und der gigantischen Druckwelle folgte ein alles zerstörender Splitterregen.

Am 17. Dezember 1919 wurden infolge eines Munitionsunglückes im Artilleriedepot Wilhelmshaven zahlreiche Wohnhäuser in Mariensiel zerstört. Die Detonationsdruckwelle lief bis Schortens.

Eilig alarmierte Marinesoldaten schützten die von der Druckwelle beschädigten Häuser in Mariensiel, um Plünderungen im Dorf zu verhindern.

Die damals in Mariensiel im Hause Flacke als junges Hausmädchen beschäftigte Maria Pöhler (inzwischen verstorben) erinnerte sich 1986 gegenüber dem Chronisten: *„Es gab einen gewaltigen Knall. Es war fürchterlich, es mußte etwas passiert sein. Dann war es unheimlich ruhig.“* Beim damaligen Gespräch konnte die 80jährige Metallvasen zeigen, die zum Zeitpunkt der Explosion auf der Fensterbank gestanden hatten und buchstäblich von winzigen Splittern durchsiebt waren.

Es gab erheblichen Gebäudesachschaden von Mariensiel bis nach Jever, Schortens, Rüstringen und Wilhelmshaven selbst. Allein in Mariensiel mußten 167 Häuser und 483 Gebäude in Wilhelmshaven und Friesland wegen starker Beschädigungen und Einsturzgefahr geräumt und später wieder instandgesetzt werden. 27 Menschen fanden den Tod.

Kaum waren die Schäden des ersten Explosionsunglücks behoben, ereignete sich am 8. September 1920 im Wilhelmshavener Artilleriedepot in der Nähe der damaligen Torpedowerft ein zweites Munitionsunglück, bei dem 17 Menschen ums Leben kamen. Nach Berichten jener Zeit (Tageszeitungen) blieben die Sachschäden geringer als beim ersten Ereignis. Noch heute erinnert im Industriegelände West an der Planckstraße eine Mauer mit zwei Tafeln an die Opfer der zwei Unglücke im Artilleriedepot Wilhelmshaven.

Letztendlich verlief die dritte Explosion auf der Munitionsentschärfungsanlage der Firma Kraus und Steinhausen im Heppenser Groden am 26. März 1953 recht glimpflich, denn es waren keine Menschenleben zu beklagen: Es entstand nur geringer Gebäudesachschaden in der Umgebung.

Nordseebad Mariensiel

Wenn alles nach den Plänen der Mariensieler Bürger und Geschäftsleute von 1925 gegangen wäre, dann wäre der kleine Ort innerhalb der Gemeinde Sande heute ein modernes Nordseebad. Im Jahre 2000 hätte die Bevölkerung dann das 75jährige Bestehen feiern können, wenn sich damals der erhoffte Publikumsandrang in Mariensiel eingestellt hätte.

Noch heute bezeugt ein Werbeprospekt aus dem Jahre 1925 von dem ehrgeizigen Vorhaben der Mariensieler Bürger. In der mehrseitigen Broschüre annoncierten damals die

Beschaulich und erholsam war das Strandleben in Mariensiel am Außentief mit Liegestühlen und Badekabinen. Doch die Vorstellung vom Nordseebad Mariensiel konnte nicht realisiert werden.

Die abgelichteten Damen aus Mariensiel posierten am Strand vergeblich für die Werbung. Das Nordseebad setzte sich nicht durch.

dort lebenden Händler, Handwerker und Gastwirte und priesen den Ort in den lebhaftesten Farben als „Nordseebad und Luftkurort Mariensiel“ an.

Namentlich die älteren Einwohner vom heutigen Mariensiel können aus der Pionierzeit des Nordseebades berichten. Demnach gab es einen sogenannten „Bade- und Verkehrsverein Mariensiel“, der im Jahre 1926 für Auskünfte und Wohnungsnachweise zuständig war. Es gab den „Mariensieler Hof“ mit Gästezimmern, die „Hafenschenke zum Jägerheim“, mehrere Tabakläden, verschiedene Handwerksbetriebe und einen Gartenbetrieb. Alle hatten sich mehr oder weniger auf den Fremdenverkehr eingestellt, der das verträumte Sieldorf mit seinen rund 100 Einwohnern aus dem Dornröschenschlaf wecken sollte.

In den blumigsten Farben wurde das Seebad Mariensiel in einem Prospekt der damaligen Zeit beschrieben. Wörtlich heißt es dort: *„Unter den kleineren Seebädern längs der Nordseeküste verdient der Bade- und Luftkurort Mariensiel mit an erster Stelle genannt zu werden wegen seiner bevorzugten Lage. Der Ort liegt idyllisch am Nordseestrand inmitten großer, schöner, schattiger Gärten und umrahmt im weiten Halbkreis von saftig-*

grünen, mit tausenden von Blumen geschmückten Marschwiesen. Auf diesen grasen Herden von Pferden, Schafen und Rindern und geben ein liebliches, herzerquickendes Bild. Die in der freien Gottesnatur weidenden Milchkühe geben eine vorzügliche Milch und Gelegenheit zu kräftigen Milchkuren.

Im Osten und Südosten unmittelbar am Ort und hiervon nur durch einen schützenden Deich getrennt, liegt die salzige See. Für gewöhnlich erscheint diese ja ruhig und harmlos: wenn aber der Sturm sie packt und die Wellen von Grund auf aufpeitscht, dann erst zeigt sie sich in ihrer vollen Größe und beweist, welche unendliche Kraft in ihr wohnt."

Weiter heißt es in dem Werbeblatt: *„Der Badestrand befindet sich gleich hinter dem Deich und liegt geschützt vor den oft kühlen Winden. Für Badegäste stehen geräumige Badekabinen und Strandkörbe in genügender Auswahl zur Verfügung. Das Baden ist für Nichtschwimmer sowohl als auch für Schwimmer durchaus ungefährlich und geschieht in der Zeit von zwei Stunden vor bis eine Stunde nach Hochwasser.*

Täglich zweimal wechseln Ebbe und Flut sich gegenseitig ab und nirgends an der deutschen Nordseeküste ist der Gezeitenunterschied, fachmännisch Tidenhub genannt, so erheblich als gerade hier. Die höchste jemals gemessene Flut war am 13. März 1906 und hat beinahe die Deichkrone erreicht. Eine Flutmarke am Deich zeigt die Wasserhöhe an."

Abschließend heißt es im Prospekt von 1925: *„Mariensiel ist das einzige oldenburgische Nordseebad, welches Reichsbahnstation ist, gelegen an der Haupteisenbahnstrecke Bremen–Wilhelmshaven. Kein anderes der verschiedenen Küstenbäder erfreut sich annähernd gleich günstiger Verbindungen. Wer will, kann Mariensiel auch im Flugzeug erreichen, da der schon lange geplante Flughafen Wilhelmshaven-Mariensiel jetzt Wirklichkeit geworden ist. Der große Flugplatz mit den Fliegerhallen liegt in unmittelbarer Nähe des Ortes und des Badestrandes. Schnellzugstation für Mariensiel ist Sande. Reisende steigen hier aus und fahren mit dem nächsten Personenzug weiter nach Mariensiel."*

Tatsächlich ist in Mariensiel für einige Jahre ein „üppig zu nennendes Bade- und Strandleben" am Mariensieler Außentief aktiv gewesen. Es gab weißgestrichene Badekabinen für Damen und Herren, unterschiedliche Strandkörbe und ausgewiesene Badegebiete mit weißen Holzzäunen. Selbst Bademeister und Wärter waren am Freizeitbad in Mariensiel tätig. Für die Kinder war das Baden am Sielbauwerk interessanter als im Außentief, denn bei Flut konnten die Buben und Mädchen von der Sielmauer springend mit einem Kopfsprung in das Seewasser eintauchen. Für die Kinder galt die „schwimmende Überquerung" des Außentiefs bei hohem Wasserstand als „Freischwimmerprüfung". Wer das Tief durchschwamm, galt als „Schwimmer".

Der Flugplatz Mariensiel

Im Grunde genommen waren es die 150 Mitglieder des damaligen Luftfahrtvereins „Jade“ in Wilhelmshaven, die Vereinigung bestand aus luftfahrt- und luftsportbegeisterten Enthusiasten, die die damaligen Städte Wilhelmshaven und Rüstringen dazu bewogen, der Gründung eines Flugplatzes auf dem Cäciliengroden bei Mariensiel zuzustimmen. Beide gaben das erforderliche Startkapital, und damit stand der Sandaufspülung auf dem Cäciliengroden für die Herrichtung des Flugplatzes in Mariensiel nichts mehr im Wege.

Darüber hinaus wurde ein weiterer Geldgeber gefunden, nämlich die sogenannte „Wrihala“, die Wilhelmshavener-Rüstringer Industriehafen- und Lagerhaus Aktiengesellschaft, die nach dem Zusammenbruch des Kaiserreiches und der Marine noch erhaltene Hafen- und Industrieanlagen weiter betrieb. Mit erheblichen finanziellen Aufwendungen und von den Mitgliedern des Luftfahrtvereins „Jade“ aufgebrachten Arbeitsleistungen wurde der Flugplatz Mariensiel am 15. Juni 1927 offiziell in Betrieb genommen.

Einen Monat später fand in Mariensiel unter großer Anteilnahme der Bevölkerung der erste Flugtag statt. Zwischenzeitlich hatte die Lufthansa mit mehreren Maschinen ihren fahrplanmäßigen Flugdienst, den Passagier- und Postflugtransport, aufgenommen. Die Flugzeuge verkehrten zwischen Hamburg – Bremen – Wilhelmshaven, Wangerooge – Norderney – Borkum und Wilhelmshaven –Wangerooge.

Obwohl die Maschinen fast ständig überfüllt waren, die Passagierlisten der damaligen Zeit beweisen es, mußten die Städte Wilhelmshaven und Rüstringen weiterhin erhebliche Mittel in das Unternehmen Flugplatz stecken.

Schließlich gründeten die Jadestadt Wilhelmshaven und das oldenburgische Rüstringen eine eigene Luftverkehrsgesellschaft, die am 17. Mai 1928 offiziell aus der Taufe gehoben wurde. Der Betrieb florierte gut, die Luftsportgruppe „Jade“ bildete weiterhin in Mariensiel ihre Piloten aus. Überhaupt hatte der Fliegerclub „Jade“ einen gewaltigen Aufschwung zu verzeichnen. Die erste vereinseigene Maschine, ein ausgedientes Kriegsflugzeug der ehemaligen Kaiserlichen Luftwaffe, drehte über Mariensiel unermüdlich ihre Runden. Der zweisitzige Doppeldecker vom Typ LVGC 6, ausgestattet mit einem 120-PS-Mercedesmotor, erhielt den Namen „Jade 1“.

Während Kunstflieger Ernst Udet auf dem Flugtag im Jahre 1929 vor etwa 20.000 Besuchern sein fliegerisches Können demonstrierte, startete Lufthansapilot Könnecke das erste Linien-Postflugzeug New York und San Franzisko. Ein Jahr später sorgten die Piloten Hünefeld, Köhl und Fitzmaurice durch ihre Ost-West-Atlantiküberquerungen für Schlagzeilen in der Presse.

Weitere Namen, vielfach heute nur noch in der Erinnerung oder in der Fachpresse enthalten, spielten bei der Weiterentwicklung des Flugplatzes Mariensiel eine bedeutende Rolle: An erster Stelle wäre Jochen Cordsen zu nennen, der als Vater des Flugplatzes Ma-

Mit der abgebildeten Postkarte warben die Städte Wilhelmshaven und Rüstringen für den Landflugplatz Wilhelmshaven-Rüstringen.

Ein Bilddokument von historischem Wert: Es zeigt die Flugplatzeröffnung in Mariensiel am 15. Juni 1927 in Gegenwart zahlreicher Besucher und Gäste. Der „Luftbahnhof“ wurde freigegeben.

riensiel gilt. Gerhard Fieseler, nach ihm wurde der „Fieseler Storch“ benannt – Luise Hoffmann, eine Kunstflugpilotin, Wilhelm Tönsing, Willi Kneten, Hermann Ahner und Emil Evers prägten mit ihrem fliegerischen Engagement den Stellenwert des Flugplatzes Mariensiel.

Die Entwicklung des für die Jade-Region lebensnotwendigen Flugplatzes in den zwanziger und dreißiger Jahren war damit noch lange nicht zu Ende.

Als am 15. Juni 1927 mit der Inbetriebnahme des Flugplatzes Mariensiel im gleichnamigen Sielhafenort die Luftfahrtgeschichte begann, ahnte sicherlich keiner der Förderer und Gönner der damaligen Zeit, daß der kleine Landeflugplatz bald eine überregionale Bedeutung erhalten sollte. Bereits ein Jahr zuvor hatten Männer der ersten Stunde den Seeflughafen Wilhelmshaven am sogenannten Fliegerdeich gegründet. Sie kamen fast ausnahmslos aus der Marinefliegerei der Kaiserlichen Kriegsmarine.

Der Seeflughafen wurde Zwangslandeplatz im deutschen Seeflugwettbewerb, war Mittelpunkt des in Wilhelmshaven tagenden hannoverschen Städtetages und ein Eldorado für luftsportbegeisterte Frauen und Männer. Heute erinnert nur noch der Name „Fliegerdeich“ in der Nähe der Kaiser-Wilhelm-Brücke an den Seeflughafen Wilhelmshaven und seine damalige Lage.

Wie gesagt, der Flugplatz Mariensiel entwickelte sich ständig weiter. Die Lufthansa übernahm für ihren Flugdienst die Flugleitung in Eigenregie. Die Organisation war bereits 1926 aus der Fusion von Deutscher-Aero-Loyd (DAL) und dem Junkers Luftverkehr (JLV) hervorgegangen.

In Mariensiel wurde die erste Flugzeughalle gebaut (später Luftverkehr Wilhelmshaven-Friesland, Erich Passon), die Abfertigungsbaracken der Gründerzeit wurden durch massive Klinkerbauten ersetzt, der Schulungsbetrieb für angehende Piloten erlebte einen ungeahnten Aufschwung, und das Verkehrsaufkommen in der nationalen und internationalen Luftfahrt nahm ständig zu.

Die Luftverkehrsgesellschaft, bestehend aus den Städten Wilhelmshaven und Rüstringen – ihr Geschäftsführer Robert Müller verunglückte mit einer Fokker D 7 tödlich – machte unter der Leitung von Jochen Cordsen (Vorsitzender des Luftfahrtvereins „Jade“) weitere Aufbaupläne für den Flugplatz Mariensiel. Der Seebäderluftverkehr zu den ostfriesischen Inseln wurde intensiviert, und in Zusammenarbeit mit der Lufthansa richteten die Beteiligten einen sogenannten „Eisdienst“ ein, um in strengen Wintern die Versorgung der Insulaner mit Lebensmitteln und Brennstoffen sowie Post zu gewährleisten.

In den Jahren um 1930 erlebte Mariensiel einen Höhepunkt in seiner Geschichte. Der Luftfahrtverein hatte sich mit erheblichen Mitgliederzahlen fest etabliert, die Lufthansa dehnte ihren Flugdienst noch weiter aus. Kurz und gut: Die kommunale Flugplatzgesellschaft befand sich im wahrsten Sinne des Wortes im Aufwind.

Die Kunstflieger Ernst Udet, Gerd Achgelis und Gerhard Fieseler sorgten mit ihren fliegerischen Darbietungen in Mariensiel für ein ständig steigendes Interesse an der Sport-

Gerhard Fieseler begeisterte schon 1928 während eines Flugtages in Mariensiel. Er wurde 91 Jahre alt und verstarb im Jahre 1987.

Der Flugplatz Mariensiel erwies sich als Besuchermagnet. Bei Kaffee und Kuchen genossen die Ausflügler 1930 die Landpartie.

fliegerei. Der Bockhorner Unternehmer August Lauw hatte in der Marxer Heide eine Scheune für sein Flugzeug und gleichzeitig ein Geländestück als Privatflugplatz gekauft. Er war Mitglied im Luftsportverein „Jade" und für sein fliegerisches Engagement in ganz Norddeutschland bekannt und geachtet.

Geflogen wurden damals die Flugzeug-Typen wie die Klemm L 20 und 25, Fieseler Fi 5 R und die Doppeldecker Bücker-Jungmann (Bü 131) sowie Fokke-Wulf-Stieglitz (FW 44). Star des damaligen Flugzeugaufgebots war unstreitig das erste Sport- und Reiseflugzeug Messerschmidt „Taifun" (Bf 108), das erste Flugzeug in Ganzmetallbauweise mit Landeklappen und einziehbarem Fahrgestell. Mit dem 30. Januar 1933 veränderte sich vieles im damaligen Deutschland. Davon betroffen waren auch die zivilen Bereiche Luftfahrt und Luftsport. Es wurde der reichseinheitliche Deutsche Luftsportverband (DLV) gegründet, dessen jadestädtische Ortsgruppe Ende 1933 aus der Taufe gehoben wurde. Der Luftfahrtverein „Jade" wurde aufgelöst, seine Mitglieder fanden sich in der DLV-Ortsgruppe Wilhelmshaven-Rüstringen wieder zusammen.

Auf dem kleinen Flugplatz Mariensiel wurde am 29. Oktober 1933 eine große Gedenkfeier veranstaltet, die dem Weltkriegsflieger und Offizier Oswald Boelcke gewidmet war. Der Jagdflieger ist am 28. Oktober 1916 nach 40 Luftkampfsiegen tödlich abgestürzt. Am 10. Juni 1934 erlebten die zahlreichen Zuschauer am Mariensieler Flugplatz die Taufe von mehreren Flugzeugen. Zwei Motor- und fünf Segelflugzeuge des jadestädtischen Luftsportverbandes erhielten mit der Luftfahrtgeschichte traditionsverbundene Namen. Ein Motorflugzeug wurde auf den Namen des Kampffliegers Gustav Leffers getauft. Der mit dem „Pour le mérite" ausgezeichnete Pilot war am 26. Dezember 1916 im Luftkampf umgekommen. Der Luftsportverein „Jade" ist im Jahre 1925 aus dem 1923 gegründeten Flugsportverein „Jade" hervorgegangen. Gründer waren unter anderen: Jochen Cordsen als Vorsitzender, August Roth als Marineoffizier, Robert Müller als Vereinsflugleiter und Wilhelm Tönsing als Flugzeugführer und Fluglehrer sowie Wilhelm Kneten als Schriftführer.

Mit Hilfe der Städte Wilhelmshaven und Rüstringen wurde der Flugplatz Mariensiel ausgebaut und 1927 in Betrieb genommen. Wenig später fand die Gründung der Luftverkehrsgesellschaft Wilhelmshaven-Rüstringen statt. Durch Initiative des Luftsportvereins „Jade" wurde am 26. Juli 1928 der Seeflughafen am Deich bei der Kaiser-Wilhelm-Brücke in Betrieb genommen. Als Auftakt galt die Wasserung zweier große Flugboote, es waren ein Dornier-Superwal und ein Rohrbach-Rocco. 1928 erfolgte im August der erste Mariensieler Flugtag mit über 30.000 Zuschauern und Besuchern. Der Luftsportverein „Jade" ist dann im Sommer 1933 aufgelöst und dafür wenig später der Luftsportverband „Jade" gegründet worden, in dem Werner Brune den Vorsitz übernahm. Erst nach dem Zweiten Weltkrieg entstand 1951 der „Luftsportverband Jade e. V." mit dem Vorsitzenden Heinz Hoffmann.

Parallel dazu entstand in Wilhelmshaven (1950 bis 1951) die „Interessengemeinschaft für den Segelflug", aus der wenig später der erwähnte „Luftsportverband Jade e. V." hervorging. Die Mitglieder hielten am 30. September 1951 in Mariensiel ihren ersten Flug-

Ehrengäste vor dem soeben getauften Flugzeug vom Typ LVEC 6. Der Doppeldecker war die erste vereinseigene Maschine des Luftfahrtvereins „Jade". Später kamen weitere Motorflugzeuge dazu.

Auch heute noch auf dem Verkehrslandeplatz Mariensiel zu Gast, die alte „Tante JU" aus den dreißiger Jahren. Die dreimotorige Maschine bietet dann Jaderundflüge über Wilhelmshaven an.

tag ab. Immerhin fanden sich dazu über 3.000 Menschen am Rollfeld des Flugplatzes ein.

Vier Jahre später, am 4. Juni 1955, konnte der Luftsportverband sein erstes eigenes Flugzeug auf den Namen „Jadekrähe“ taufen. Die in Eigenbau hergestellte Maschine diente auch für den Flugbetrieb der Fliegergemeinschaften in Brokzetel und Upjever. An der Geniusbank führte der Verband ebenfalls einen eigenen Flugbetrieb durch.

Im Dezember 1956 fusionierten die Luftsportvereine Aurich, Varel, Emden und Norden mit dem Luftsportverband Jade zur „Luftsportgemeinschaft Nordsee e. V.“ mit Sitz in der Jadestadt Wilhelmshaven. Für den Flugbetrieb wurden die Plätze Mariensiel, Brokzetel und Upjever benutzt. 1963 erfolgte der Zusammenschluß der Luftsportgemeinschaft Nordsee mit dem Luftsportverein Friesland zum „Luftsportverein Waterkant e.V. Wilhelmshaven“. Zusammen mit der Fliegergruppe „Weserflug“ wurde in der Region der Segelflug betrieben. Beide Vereine sind seit 1974 in Bohlenbergerfeld auf dem von der Stadt Wilhelmshaven gepachteten Gelände beheimatet. Träger der Einrichtung ist die Segelfluggemeinschaft Wilhelmshaven-Friesland e. V. Mittlerweile stehen den luftsportbegeisterten Frauen und Männern mehr als zwanzig Flugzeuge (Motor- und Segelflugzeuge) zur Verfügung.

Doch zurück zum Flugplatz Mariensiel. Wie bereits erwähnt, bestimmten luftsportliche Großereignisse auf dem kleinen Flugplatz in den dreißiger Jahren das Geschehen. So landeten beim Küstenflug im Sommer des Jahres 1937 weit über 70 Flugzeuge mit fast 100 Teilnehmern aus allen Teilen des Deutschen Reiches. Weit mehr Flugzeuge waren allerdings beim Deutschlandflug 1938 mit von der Partie, wobei Mariensiel erneut Zwangslandeplatz zum Auftanken der Flugzeuge und zur Bereitstellung von Quartieren für die teilnehmenden Flugzeugführer war. Doch auch die jadestädtische Luftverkehrsgesellschaft nahm am allgemeinen Aufstieg teil, denn das Geschäft mit den Fluggästen lief mehr als gut. Allein 1933 fertigte die Gesellschaft 1.249 Flüge mit genau 2.305 Passagieren ab. Dabei legten die Maschinen 45.206 Flugkilometer zurück.

Jahre später hätte sich das Verkehrsaufkommen wahrscheinlich verdreifacht, wenn der bis dahin betriebene Seebäderluftverkehr nicht in den Zuständigkeitsbereich der Lufthansa übergegangen wäre. Dahinter steckte ein Verbot für die kommunale Gesellschaft, welches vom Reichsluftfahrtministerium verfügt worden war. Sicherlich bestand ein ursächlicher Zusammenhang zwischen der Übernahme und der damaligen kriegsstrategischen Lage der Stadt Wilhelmshaven.

Die Jadestadt hatte sich schließlich zu einem bedeutenden Marinestützpunkt an der Nordsee entwickelt. Zwangsläufig kam dadurch die Auflösung für die jadestädtische Luftverkehrsgesellschaft bezüglich des Seebäderflugdienstes.

Der politische Einfluß war nicht von der Hand zu weisen, als schließlich 1939 der gesamte zivile Luftverkehr in Mariensiel eingestellt werden mußte. Der Flugplatz wurde dem militärischen Seefliegerhorstkommandanten unterstellt. Anfang 1940 wurde der Flugplatz dann militärisch genutzt. Kurier- und Postflugzeuge der Militärs landeten und starteten dort bis 1945.

Die Bevölkerung machte nach Kriegsende aus dem Fliegerhorst ein Kleingartengelände. Die verlassene Flugzeughalle diente als Sport- und Turnhalle. Es war still geworden um den Flugplatz Mariensiel. Erst einige Jahre später erinnerten sich die Verantwortlichen an den Feldflugplatz.

Schließlich wurde am 10. August 1957 der Landeflugplatz Mariensiel wieder eröffnet. Der einstige DLV-Ortsverband erlebte seine Auferstehung in der Gründung der Motorfluggruppe Wilhelmshaven-Friesland mit einer Ausbildungsstätte für angehende Flugzeugführer. Offiziell wird das Jahr 1963 für die Gründung der Motorfluggruppe Wilhelmshaven-Friesland angegeben. 1971 erreichten die Schulflüge in Mariensiel die Rekordzahl von 7.264 Flugbewegungen. Selbst die Lufthansa ließ sechs Jahre lang einen Teil ihrer Berufspiloten in Mariensiel schulen. Erich Passon und Heinrich Heuermann übernahmen im Auftrage der ebenfalls neu gegründeten Flugplatzgesellschaft Wilhelmshaven-Friesland die Flugplatzleitung.

Später schrieben Erich Pauly, Wilhelm Tönsing, Dr. Meyerhoff und Helmut Möckel einige Kapitel der Flugplatzgeschichte. Die Flugplatzgesellschaft war mit der Fürsprache namhafter Kommunalpolitiker, Unternehmer und Wirtschaftsmanager sowie der Vereinigung „Verein zur Flugplatzförderung“ gegründet worden. Gesellschafter waren die Stadt Wilhelmshaven, der Landkreis Friesland und der Flugplatzförderungsverein. Geschäftsführer war Stadtdirektor Hans Beutz.

1963 verzeichnete der Betriebsbericht des Flugplatzes mehr als 10.000 Starts und Landungen von Verkehrs- und Sportmaschinen. Der Seebäderflugdienst war vergrößert, der Platz ausgebaut, die Hallen zum Teil erweitert beziehungsweise erneuert worden. Eine unterirdische Tankstelle mit einem Fassungsvermögen von 30.000 Litern Flugbenzin war zwischenzeitlich aufgrund des ständig steigenden Luftverkehrs installiert worden. In der Folgezeit landeten sogar Düsenjets auf der friesländischen Piste. Der Flugplatz blieb Mittelpunkt der flugverkehrstechnischen und luftsportlichen Entwicklung. Es entstanden eine Hubschrauberbasis für den Lotsenversetz- und den Off-Shore-Dienst in der Nordsee, und der Platz erhielt eine Start- und Landebahnbefeuerung sowie neueste Funkpeileinrichtungen.

Allein im Jahre 1972 registrierten die Verantwortlichen in Mariensiel 26.446 Starts und Landungen. Dabei stand der private Reise- und Geschäftsverkehr mit 8.178, die Ausbildungsflüge mit 6.949 und der Werkverkehr mit 1.416 Flugbewegungen im Mittelpunkt des Flughafenbetriebes. Diese Zahlen machen deutlich, daß der kleine Flugplatz Mariensiel mit seinen Einrichtungen eine große Bedeutung für den Luftverkehr und den Luftsport hat.

Erst während der jüngsten Vergangenheit investierten die Stadt Wilhelmshaven und der Landkreis Friesland als Träger der Flugplatzgesellschaft erhebliche finanzielle Mittel, um den Flugplatz mit neuesten Technologien und anderen baulichen Veränderungen in der Gesamtkonzeption zu modernisieren. Der Verkehrslandeplatz Mariensiel (1. Klasse) verfügt mit der Hauptlandebahn über 1.500 Meter nutzbare Start- und Landefläche sowie über eine 650 Meter lange Querbahn. Der Tower ist über die Frequenz 122,85 im

Neben männlichen Kollegen versieht Ellen Günther die Luftaufsicht im Tower des Flugplatzes Mariensiel, der mit hochsensiblen Funk-, Navigations- und Peilsystemen ausgestattet wurde.

Blick auf den heutigen Verkehrslandeplatz in Mariensiel. Das Verkehrsaufkommen der privaten und gewerblichen Fliegerei verzeichnet eine ständig steigende Tendenz in allen Flugsparten.

VHF-Bereich zu erreichen. Das Turminnere ist mit einer modernen Funkpeilanlage und anderen funktechnischen und flugnavigatorischen Instrumenten und Geräten ausgestattet. Das Flugfeld mit der Nachtbefeuerung ist für alle gängigen Flugzeugtypen geeignet. Auch mit Strahltriebwerken ausgerüstete Jets bis zu einem Gesamtgewicht von 14 Tonnen sind in Mariensiel zugelassen.

Jährlich werden allein von der Wiking mehr als 1.800 Seelotsen per Helikopter nach See „versetzt" und außerdem die Schiffahrt in der Jade, Weser und Elbe bedient sowie die Bohrinseln auf hoher See versorgt. Die Firma IAAI-Air-Service bietet jetzt einen neuen Städteflugdienst an, der die Jadestadt Wilhelmshaven mit vielen Orten in Deutschland, Österreich und den Beneluxstaaten verbindet. Angeflogen werden auf Wunsch (fast) alle größeren Städte.

Selbst die Liebhaber der Ultraleichtflugzeuge kommen in Mariensiel auf ihre Kosten. Wen es aber gelüstet, dem sagenumwobenen Ikarus nachzueifern, der ist bei der Walter-Air willkommen. Hier kann jeder an der gewerblichen Schulung zum Privatpiloten teilnehmen und die Luftfahrerlizenz erwerben.

In den vergangenen Jahren lagen die Starts und Landungen auf dem kommunalen Verkehrslandeplatz Mariensiel bei über 40.000 Flugbewegungen – eine Steigerung von mehr als 28 Prozent gegenüber dem Berichtsvorjahr. Der Flugplatz bleibt im Aufwind.

Der Ellenser Damm

Als Graf Johann von Oldenburg 1575 das Jeverland erbte, reifte in ihm frühzeitig der Plan, das „Schwarze Brack“ zu durchdeichen. Er beantragte daher ein Genehmigungsverfahren, ein förmliches Patent *„wegen Wiedergewinnung des früher zum Jeverland gehörigen Landes, Bant, Ahme, Seediek, Oldebrügge und anderer Kirchspiele“* zu vergeben. Das Dokument ist dem Grafen im April des Jahres 1596 erteilt worden. Als Unterzeichner wird Cardinal-Erzherzog Albrecht von Österreich genannt, der als Erbstatthalter der Niederburgundischen Lande auch Lehnsherr der Herrschaft Jever war.

Ungeachtet dessen hatte Graf Johann schon Jahre vorher erste vorbereitende Deichbaumaßnahmen beginnen lassen. Zwischen dem Festland und den Inseln Ellens, Hiddels und Ahm im Süden sowie der Insel Oberahm im Norden waren bereits Verbindungswege durch kleinere Deichwerke entstanden. Gleichfalls war ein Deich vom Steinhausersiel über Hiddels nach Ellens (3.700 Meter Länge) und ein Damm in der Nähe des Marienhäusersiels nach Oberahm (1.100 Meter) entstanden. 1596 ließ Graf Johann dann den Bau des Ellenser Dammes in Angriff nehmen, wobei die zahlreichen Deichkojer (Deicharbeiter) der Jeverschen Vogteien von Norden her in Richtung Süden ab Oberahm und die Deichkojer der Oldenburgischen Vogteien von Süden her in Richtung Norden ab Ellens die Schlengenbauten quer durch das Watt des „Schwarzen Brack“ trieben. Selbst tiefe Kolke und Priele bildeten für das Heer der Deichkojer, sie hatten Hofdienste zu verrichten, keine Hindernisse. Der Oldenburger Herrscher – mittlerweile 62 Jahre alt – war oft inmitten der Arbeiter bei den Arbeiten im Watt bei Wind und Wetter anzutreffen. Er schonte sich und seine Arbeiter in keiner Weise, denn er rechnete mit dem Widerstand der Ostfriesen gegen das Projekt. Anstatt den Rat des Arztes zu befolgen, entließ der Graf den Doktor aus seinen Diensten. Im November des Jahres 1603 verstarb Graf Johann von Oldenburg im Neuenburger Schloß. Als Todesursache wird eine Lungenentzündung angegeben. Noch in seinem Testament rühmte der Graf: *„Ich habe ganz gewaltige Plätze mit unsäglicher Mühe, Geldaufwand und Hintansetzung meiner Gesundheit, wie ich jetzt am besten fühle, ja mit Leibes- und Lebensgefahr der Salzen See und den Strömen aus dem Rachen gezogen und eingedeicht.“*

So übernahm Graf Anton Günther von Oldenburg als Erbnachfolger mit dem Weiterbau des Ellenser Dammes eine Verpflichtung, die nicht nur darin bestand, mit den Elementen Wind und Wasser zu kämpfen. Er bekam es auch mit den benachbarten Ostfriesen zu tun, die gerichtlichen Einspruch gegen den Weiterbau des Deichwerkes eingelegt hatten.

Obwohl der Einspruch Ostfrieslands gegen den Dammbau des Oldenburger Grafen schon 1596 Bestand hatte, war der Prozeß erst 1599 vor dem Reichskammergericht in Speyer anhängig. Graf Enno von Ostfriesland beharrte vor Gericht „auf die Inhibirung und Demolirung“ aller inzwischen von den Oldenburgern und Jeverländern fertiggestellten Deiche, weil dadurch Handel und Schiffahrt sowie Fischerei den ostfriesischen Untertanen unmöglich gemacht, die Entwässerung aus dem Amt Friedeburg beeinträchtigt und der Zoll auf der Hohemeine bei Gödens geschädigt werde. Die Oldenburger ar-

Graf Anton Günther von Oldenburg (1583–1667).
Kupferstich aus: Johann Justus Winkelmann, Oldenburgische Chronik von 1671.

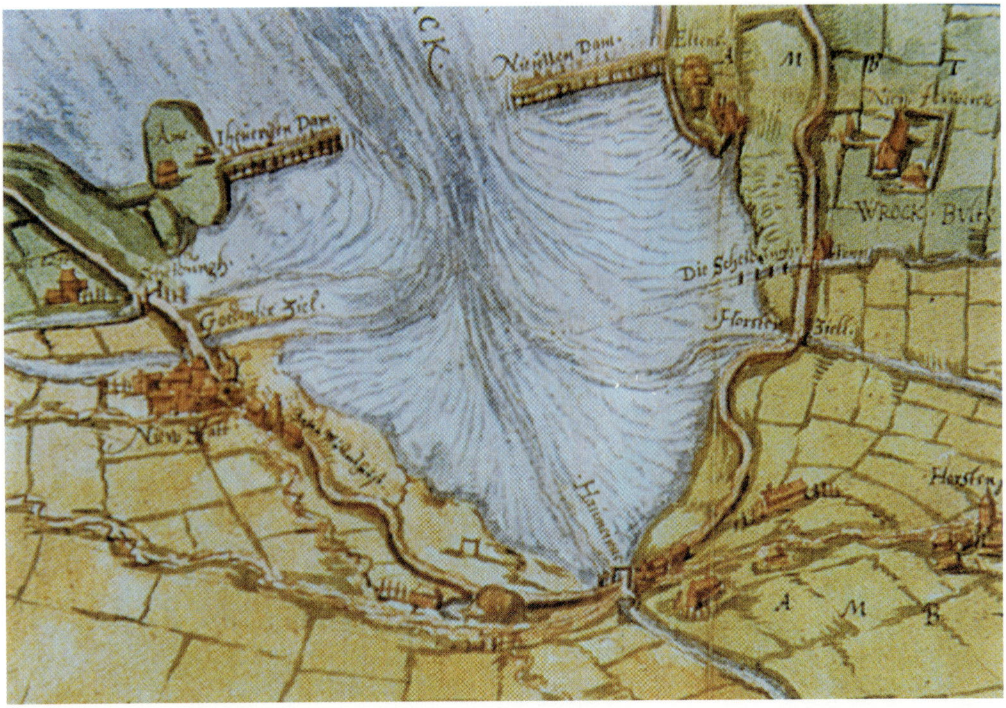

Das „Schwarze Brack“ um 1597. Die stark geostete Karte läßt erkennen, daß der Dammbau von Ellens nach Ahm, also von der damals oldenburgischen und jeverschen Seite, zum gleichen Zeitpunkt begann. Reproduktion nach einer Vorlage des Niedersächsischen Staatsarchives Aurich, Rep. 244.

gumentierten vor der Kammer, daß es sich um die Wiedergewinnung uralten Oldenburgischen und Jeverschen Landes handele. Aufgrund des damals ergangenen ersten Urteils mußte Graf Anton Günther 1604 vorübergehend die Deicharbeiten einstellen lassen. Erst als der Graf 1612 vor Gericht dafür bürgte, im Falle einer gegen ihn gerichteten Entscheidung die Deichwerke wieder zu zerstören, durfte er mit Auflagen weiter am Damm arbeiten lassen. Dabei mußten neue Sieltiefe gegraben und neue Sieltore gezimmert werden.

Inzwischen schoben sich die von beiden Seiten aufgeworfenen Deichkörper auf der vorher abgesteckten Trasse im Watt immer näher aufeinander zu. Schließlich blieb nur noch eine Lücke von fast vierzig Metern zwischen den Teilstücken zu schließen. Zweimal am Tag gurgelten die Ebb- und Flutströme durch die Hoffnung, spülten Sand und Erde fort, rissen Senkstücke aus Buschwerk mit sich. Es gab mehrere Versuche von verschiedenen Wasserbaumeistern, mit gewaltigem Materialaufwand die Deichlücke „dichtzusetzen“. Alles vergeblich, der entstandene Kolk wurde tiefer, die Strömung heftiger.

Arend Stindt, Vogt von Zwischenahn, nahm unaufgefordert und ohne Legitimation des Grafenhauses die Baumaßnahmen in seine Hände. Stindt hatte bis dahin jahrelang als Aufsichtsperson die Verantwortung für die Hand- und Spanndienste am Deichwerk ge-

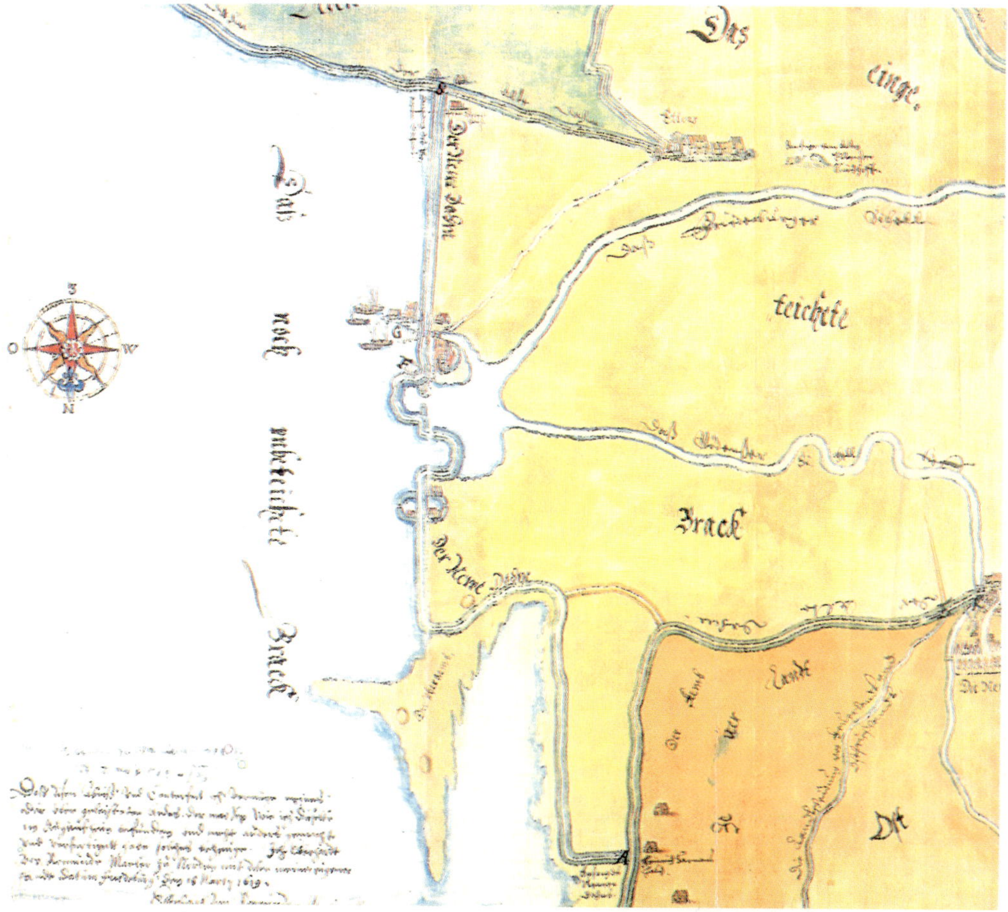

Der Ellenser-Damm (1619) nach einer kolorierten Zeichnung von E. v. Rommunde. Reproduktion nach einem Dokument des Niedersächsischen Staatsarchives Oldenburg. (Archivnummer: Best. 298 Z, Nr.: 413).

tragen. Er ließ Säcke mit Erdreich füllen, baute unzählige Senkstücke aus Buschwerk und rammte Pfähle in den Untergrund beider Deichfüße. Zur tiefsten Ebbzeit konnte Stindt mit seinen Männern eine Brücke hinüberschlagen. Von hier aus warfen die Arbeiter die Sandsäcke in das Wehl (Kolk), kippten massenweise den Klei in die Lücke und verbanden die Holzstämme mit starkem Tauwerk. Die ganze Nacht hindurch arbeiteten die Kojer im Schein aufgestellter „Schienfatts" (Öllaternen) und Fackeln weiter, gegen Morgen war der Ellenser Damm eine Einheit, die Öffnung endgültig geschlossen. Unbeschreiblicher Jubel herrschte vor, obwohl bis zur nächsten Flut noch zahlreiche Bauarbeiten auszuführen waren. In der Dunkelheit des Abends war es geschafft. Brennende Teertonnen und Gewehrsalven verkündeten optisch und akustisch den Ostfriesen, daß das Deichwerk quer durch das „Schwarze Brack" vollendet war. 180 Boote und Schiffe,

Gedenktafel am 1958 errichteten Dangaster Sielbauwerk, die an den Zwischenahner Vogt und Deichbaumeister Arend Stindt erinnert, der am 31. Juli 1615 die letzte Lücke im Ellenser Damm schloß. Damit gab es eine Landverbindung zwischen den damals oldenburgischen und jeverschen Herrschaftsbereichen.

über 50 Wagen und Gespanne und mehr als tausend Deicharbeiter hatten das ehrgeizige Projekt des Grafen Anton Günther Wirklichkeit werden lassen. Chroniken (Jeverscher Deichband, O. Tenge, 1884; Oldenburgische Chronik, Hamelmann, 1599) beweisen, daß 230.000 Bund Busch, 100.000 Zaunpfähle, 400 Sieben-Meter-Stämme, 200 Baumsparren, 120 Mastbäume (zwischen 10 und 17 Meter lang), 24 Fässer, Tauwerk, Anker, Bolzen, Nagel und unvorstellbare Mengen Erdreich und Kleiboden verbraucht wurden. Die Gesamtkosten für das Deichwerk sind mit 700.000 Thalern angegeben, eingedeicht wurden durch den Ellenser Damm 1.600 Hektar Land.

Als Hauptmann von Rüdigheim als berittener Bote dem in Prag weilenden Grafen die frohe Kunde von der Schließung des Dammes überbrachte, belohnte ihn dieser mit 1.000 Thalern. Arend Stindt, der letztendlich den Deich geschlossen hatte, ging dabei leer aus. Noch heute erinnert eine Gedenktafel an dem 1958 erbauten Dangaster Siel an den Vogt von Zwischenahn, darauf steht geschrieben: „Arend Stindt to Ehr un Dank. An 31.7.1615 slot he mit sin dusend Mann den ersten Diek dört Swarte Brack, den Ellenser Damm.“

Heute führen die ehemalige Bundesstraße 69 mit dem jetzigen Namen „Oldenburger Damm“ und die neue Bundesautobahn durch das ehemalige „Swarte Brack“. Immer noch liegt das Areal tiefer als die später eingedeichten Groden. Wasserschöpfmühlen mußten einst das Gebiet entwässern.

Ausschnitt aus der Karte des Herzogtums Oldenburg von W. Camp, 1804.

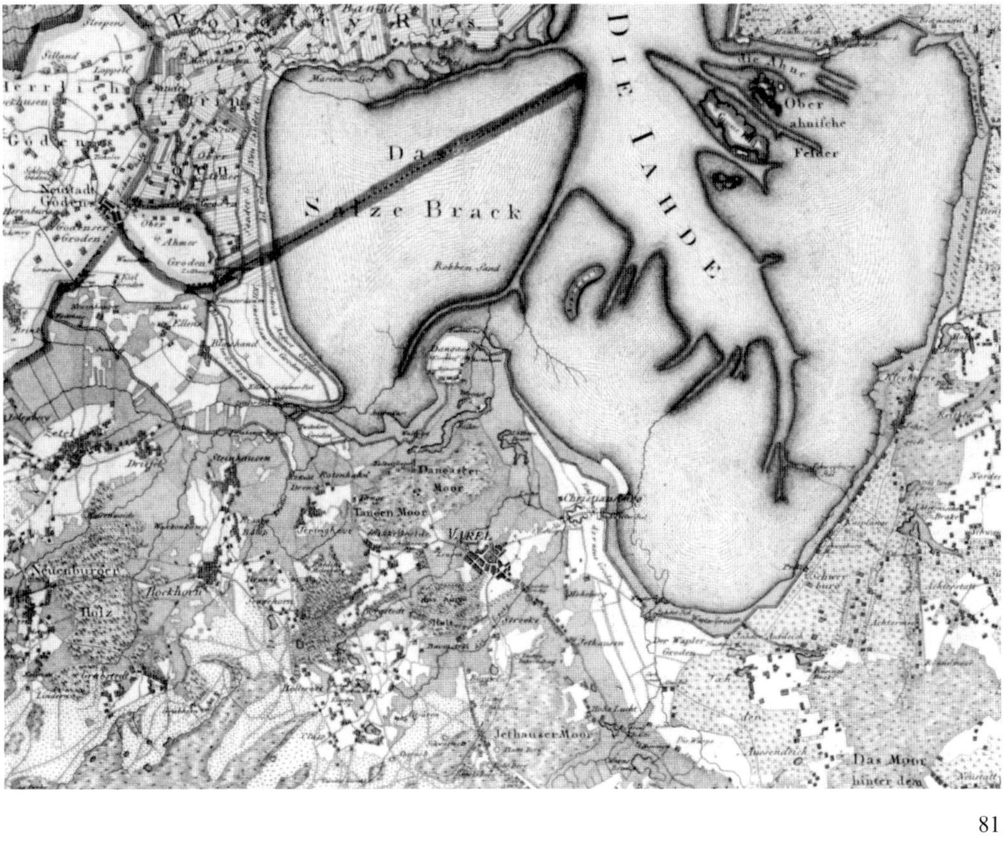

Der tidenabhängige Hafen Ellenserdammersiel

Bereits im 14. Jahrhundert entwickelte sich an der Küste der am Jadebusen liegenden Sielhafenorte eine für die damalige Zeit beachtliche Watten- und Küstenschiffahrt. Aus Überlieferungen (Schiffahrtsmuseum Wilhelmshaven und Brake, Modelle und Bilder; Chronik der Stadt Wilhelmshaven, Band II, 1853–1945) ist bekannt, daß zuerst die nach ostfriesischen und niederländischen Vorbildern gebauten Schiffstypen wie Tjalken und Ewer mit einem Ladevolumen von 10 bis 20 Lasten (1 Last = 2.000 Kilogramm) im tidenabhängigen Fahrwasser des Jadebusens kreuzten. Dabei bestimmten flachbodige Segelschiffe mit Billen (Rundungen) und Seitenschwertern das Bild in der Bucht und im von Ebbe und Flut geprägten Ellenserdammersiel. Hier wäre zuerst als kleiner Frachtschiffstyp die Mutte zu nennen, die ursprünglich in Ostfriesland und im Oldenburger Land gebaut wurde und auf den Tiefs und Flüssen sowie im Wattengebiet unterwegs war. Sie war ein Wasserfahrzeug mit einem Mast und mit offenem Deckshaus; gegen die Gefahr des Abdriftens war sie mit den typischen Seitenschwertern ausgestattet. Das daraus entstandene Muttschiff war vorn und achtern „scharf gebaut", die Bordwände standen fast senkrecht zum Plattboden. Gesegelt wurde mit Fock- und Gaffelsegel. Als „Torfschiff" der Ostfriesen war der Schiffstyp überall populär geworden.

Als Ein- oder Anderthalbmaster getakelt, war der Ewer ein Frachtensegler friesischer Herkunft. Auch dieser Schiffstyp war mit Plattboden und Seitenschwertern für die Watten- und Küstenschiffahrt besonders gut geeignet. Das Schiff konnte in der Not von einem Mann bedient und gesegelt werden. Es hatte ein achtern angebrachtes freies Heckruder am Spiegel (Heck). Der sogenannte „Drögewer" mit großem Laderaum diente dem Frachttransport der verschiedensten Art, während der sogenannte „Fischewer" mit der Bünn für den Fischtransport ausgelegt war.

Die abgebildeten Frachtensegler mit voller Takelage waren in der damaligen Watten-, Küsten- und Seeschiffahrt häufig genutzte Transportfahrzeuge.

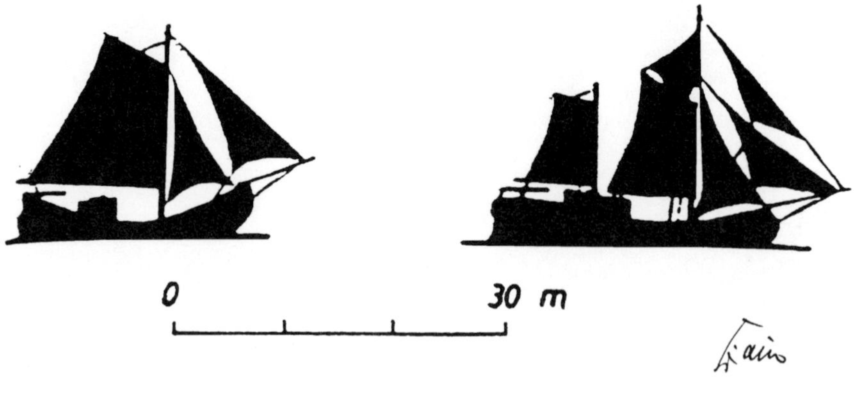

Ein weiterer Watten- und Küstenfahrer ostfriesischer und niederländischer Bauart ist die Tjalk, ebenfalls mit plattem Boden und großvolumigen Laderäumen. Dieser Schiffstyp ist heute noch vorhanden, er wird unter anderen Bedingungen als früher vielfach noch gern als Sportfahrzeug gefahren. Die Besegelung besteht aus einem Pfahlmast mit Groß- und Toppsegel, Stagfock und Binnen- sowie Außenklüver. In der Regel wird sie mit einem Ladevolumen von 20 bis zu 60 Lasten gebaut. Dennoch gab es unterschiedliche Herkunftsgrößen dieses Wasserfahrzeuges bis zu über 100 Lasten Tragfähigkeit.

Die Kuff, ähnlich wie die Tjalk ein von den Ostfriesen und Niederländern zuerst entwickeltes Schiff, war als Frachtensegler häufig im Jadebusen und zwischen den Inseln zu sehen. Anstatt des Plattbodens mit einem Kiel versehen, verfügte dieses Segelschiff über eine größere Stabilität als seine Konkurrenten auf See. Ausschlaggebend waren der größere Stauraum, die viel größeren Segelflächen und der Decksaufbau für die Unterbringung der Besatzung. Neben der üblichen Takelage wurde am Großmast ein zusätzliches Breitfock (Rahsegel) gesetzt. Englische Schiffsbauer schließlich entwickelten den Kuttertyp, einen hochseetüchtigen einmastigen Kleinsegler mit schnittiger Rumpfform und scharfem Kielsteven. Großsegel, Toppsegel, Stagfock, Klüver und Flieger bildeten die Takelage dieses wendigen und schnellen Frachtschiffes. Nach urkundlichen Unterlagen ist ein solches Schiff auch im Hafen von Ellenserdammersiel registriert worden.

Die Lage des Hafens Ellenserdammersiel zu Beginn des 19. Jahrhunderts. Zeichnung Bernhard Meyer, Varel 1953.

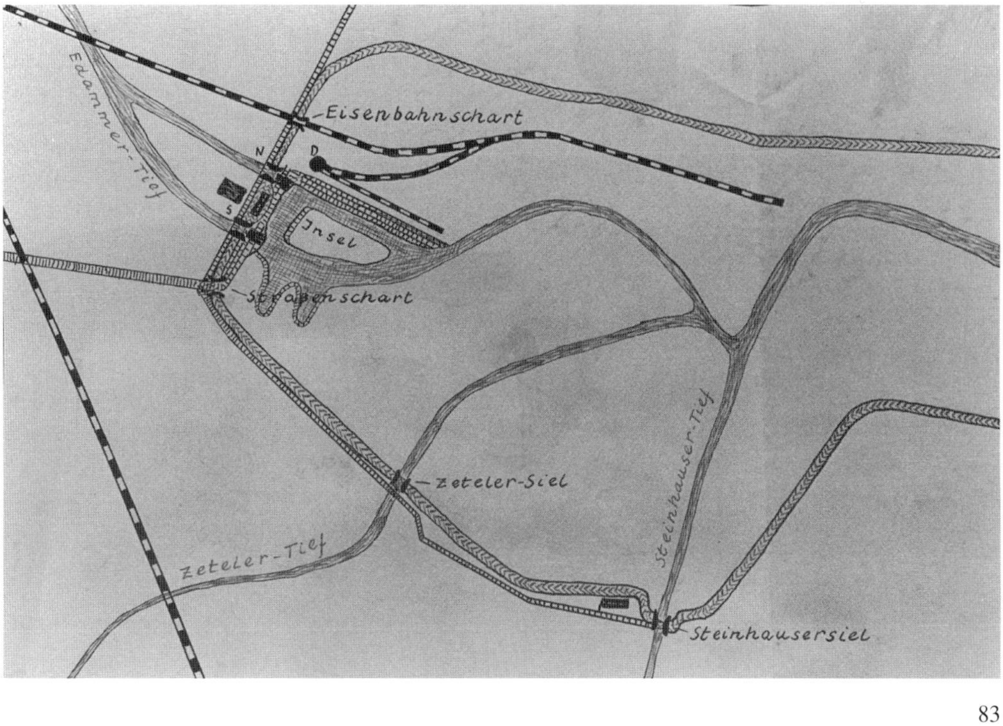

Hochbetrieb im Ellenserdammer Sielhafen um die Blütezeit. Steine und Klinker aus der Friesischen Wehde wurden mit der Eisenbahn angeliefert und auf die Ewer, Tjalken und Schmacken verladen.

Aus marinegeschichtlicher Sicht noch zu erwähnen ist die Kufftjalk oder Schmacke (Smacke), ein Segelschiffstyp mit baulichen Merkmalen von Kuff und Tjalk, ebenfalls Ein- oder Anderthalbmaster. Auch sie hat ihren Rang als Frachtfahrzeug in der historischen Watten- und Küstenschiffahrt.

Die Watten- und Küstenschiffahrt hatte sich im Laufe der Zeit über die mit der „Salzen See“ verbundenen Sieltiefs entwickelt. Nachzuweisen sind entsprechende Kahn-, Boots- und Schiffsbewegungen über die Sielhafenorte Steinhausen, Zetel mit Bockhorn, Horsten, Friedeburg, Gödens und Mariensiel. Kartenmaterial aus der Zeit um 1580 beweist außerdem, daß im damaligen „Schwarzen Brack“ die inselartigen Reste von Hiddels, Ellens, Ahm und Oberahm ohne eine feste Landverbindung waren. Hier dürfte bereits der Boots- oder auch der Schiffsverkehr eine wichtige Rolle gespielt haben, denn die Eilande waren nachweislich von Menschen bewohnt.

Wir wissen aus der Heimatgeschichte (Dokumente/Urkunden, Archivmaterial der Niedersächsischen Staatsarchive Aurich und Oldenburg), daß der Ellenser Damm 1615 – die Durchdeichung der westlichen Meeresbucht mit dem Namen „Schwarzes Brack“ – erfolgreich beendet wurde. Dadurch entstanden zwangsläufig völlig neue Situationen auf der ostfriesischen Seite der „Salzen See“. Die Existenznot herrschte vor, denn den Siel-

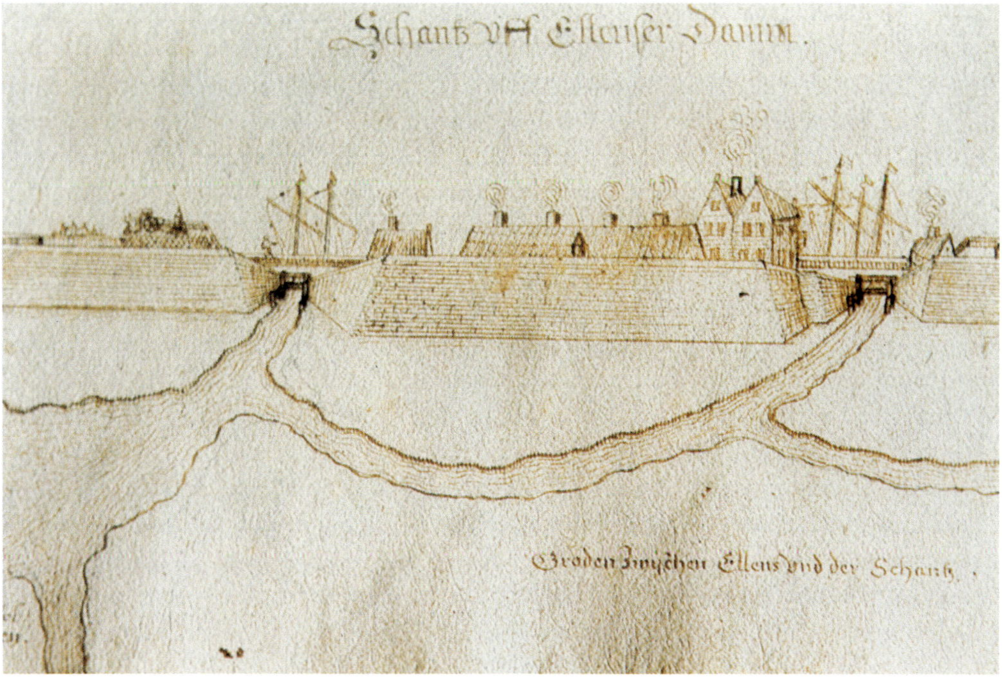

Die zeitgenössische Zeichnung von der „Ellenserdammer-Schanze“ um 1620 verdeutlicht die Lage der beiden Siele (Nord- und Südersiel), dem Ausgangspunkt für die sich hier entwickelnde Schiffahrt. Neben 14 Kanonen verfügte die Oldenburger Befestigungsanlage zeitweise über 400 Mann Besatzung. 1667 wurde die Anlage geschleift, dann endgültig abgerissen und an der Stelle das erste Zollhaus errichtet. Reproduktion nach einer Vorlage des Niedersächsischen Staatsarchives Oldenburg (Archivnummer: Best. 298 MN 1635).

hafenorten wie Gödens, Neustadt, Horsten und Friedeburg ist im „wahrsten Sinne des Wortes das Wasser abgegraben worden“. Die bisherige Watten- und Küstenschiffahrt in den genannten Orten kam völlig zum Stillstand.

Bei weiteren Eindeichungsmaßnahmen im westlichen Teil des Jadebusens verblieben die alten Siele an Ort und Stelle, sie wurden nicht mit den weitergehenden Deichbauwerken „vorgeschoben“. So blieben die vier großen hölzernen Sieltore – im einzelnen waren es der Steinhauser Siel, der Zeteler Siel, der Süder-Ellenserdammersiel und der Norder-Ellenserdammersiel – bei den Deichbauarbeiten einfach stehen. Sie flossen alle zusammen in das Ellenserdammer Außentief mit der direkten Verbindung zum Jadebusen. Dadurch entstand zwangsläufig für die dort lebende Bevölkerung die Möglichkeit, an den dort liegenden tiefen Prielen einen tidenabhängigen Hafen herzurichten. Nach dem Siel benannten die Siedler den Ort Ellenserdammersiel, wobei der Dammbau des Grafen Anton Günther bei der Namensgebung Pate gestanden haben dürfte. Zuerst suchten nur wenige Schiffe, in der Regel von Varel kommend, den Weg durch das Wattenmeer bis nach Ellenserdammersiel. Es dauerte aber nicht mehr lange, bis sich über die neue Anlegestelle und den Hafen ein reger Schiffsverkehr entwickelte. Flachbodige Schiffe brachten in der Folgezeit Baumaterialien für den Hafenausbau. Damit wurden zunächst Schlengen- und Buhnenbauten am Hafenbecken und an den Sieltoren realisiert. Andere Schiffe brachten Bauhölzer, Steine und Sand nach Ellenserdammersiel, wo sich inzwischen immer mehr Händler, Häuslinge, Fischer und Schiffer ansiedelten. Am Hafen entstanden hölzerne Kajen, mehrere Dalbengruppen und Festmachemöglichkeiten für die Frachtensegler. Blieb einmal der Wind aus, mußten die abgetakelten Segler von Zugpferden „getreidelt", also von Land aus gezogen werden.

Als 1717 die Weihnachtsflut die norddeutsche Küste heimsuchte, sind in Ellenserdammersiel viele bereits geschaffene Hafeneinrichtungen wieder zerstört worden. Im benachbarten Steinhausen riß die Flut das alte Sieltor aus der Verankerung. Beim späteren Wiederaufbau wurde der Siel mehr als vierzig Meter landeinwärts verlegt. Die dadurch entstandene Außenlücke am wasserführenden Hauptpriel diente künftig als Hafenplatz. Hier machten unter anderem die etwa 30 Lasten großen Schiffe „Die Hoffnung" und die „Burg von Steinhausen" fest und liefen nach der Beladung in internationale Gewässer aus. Amsterdam, Rotterdam, Riga und Kopenhagen gehörten zu den Häfen, in denen die Steinhauser Schiffe Flagge und Wimpel zeigten. Im heute noch erhaltenen Kaufmannshaus Becker in Bockhorn wohnte damals ein Reeder, der 47 Schiffe sein Eigentum nannte.

Christian Rehling aus Steinhausen malte zu Beginn des 20. Jahrhunderts das als farbige Reproduktion abgebildete Bild vom Hafen Ellenserdammersiel. Links im Bild das Zollhaus des Jahres 1844.

In Ellenserdammersiel registrierten die Verantwortlichen 1744 aktenkundig (Hafengelder-Rechnungen aus dem Jahre 1744, Staatsarchiv Oldenburg) die ein- und auslaufenden Schiffe. Auf dem Hafendeich entstand ein Zollhaus mit Hafenmeisterbüro, daneben eine kleine Schiffsreparaturwerft mit Helling. Von diesem Zeitpunkt an ließ die Oldenburger Obrigkeit erstmals von den Eignern und Kapitänen der im Hafen liegenden Schiffe Gebühren und Lagergelder einziehen. 1776 wurde am Hafen der erste Speicher errichtet, der noch heute in der ursprünglichen Form erhalten ist. Immer mehr flachgehende Segler mit großen Laderäumen wie Ewer, Tjalken, Kuffen und auch Schmacken legten im Sielhafen an und nahmen Ladung an Bord oder aber löschten die mitgebrachte Ladung an Ort und Stelle.

Als Napoleon 1806 die Kontinentalsperre gegen England verhängte – zu der Zeit war das Land mit französischen Truppen besetzt – blühte in Ellenserdammersiel der Schmuggel über See. Unter der Flagge von Kniphausen – der Kleinstaat war nicht Mitglied des von Napoleon gegründeten Rheinbundes – segelten die Frachtensegler aus Friesland bis nach Helgoland. Die damals noch britische Insel galt als Umschlagplatz für „heiße Waren" des gesamten norddeutschen Küstengebietes. Als die französische Besatzungszeit zu Ende ging, war auch die freie Seefahrt in Ellenserdammersiel wieder möglich. Schiffe aus Friesland segelten nach England, Dänemark, Schweden, Holland und Belgien und dokumentierten mit den Oldenburger Farben im Mast die wiedergewonnene Freiheit in den ausländischen Häfen. Gehandelt wurde in Ellenserdammersiel mit Spirituosen und Weinen, Holz- und Baumaterialien, Getreide und Kartoffeln, Torf und Brennholz, Vieh und Pferden, Tran und getrockneten Fischen, Gerätschaften und Handwerkszeugen, Möbeln und Tuchen. Selbst Petroleum, Pech, Teer und Talg waren im Hafen zu haben. Die Zahlungsmittel wie Grote und Thaler wechselten dabei oft den Besitzer. Vereinzelt wurde noch mit Louisdor bezahlt, einem Zahlungsmittel aus der Franzosenzeit.

Unterdessen gingen die Baulichkeiten am Hafen weiter, es entstanden eine Schankwirtschaft mit Herberge, einzelne landwirtschaftliche Betriebe mit Vieh- oder Schafzuchten, eine Posthalterei und später ein Bahnhofsgebäude an der neuerbauten Eisenbahnstrecke Oldenburg–Heppens, die 1867 in Betrieb genommen wurde. 1892 erhielt der Hafen einen Gleisanschluß mit Drehscheibe und befestigten Straßenzuwegungen. Zu diesem Zweck wurden im Hauptdeich am Hafen mit Stahltoren verschließbare Durchlässe (Deichscharten) geschaffen.

Die Blütezeit der Hafengeschichte erlebten die am Hafen ansässigen Dorfbewohner aber erst mit dem Verschiffen der in der Friesischen Wehde gebrannten Steine und Klinker, die ausnahmslos für den Aufbau des Kriegshafens Wilhelmshaven benötigt wurden. Die Ziegelsteine gingen aber auch „frachtbillig" – so ein Ausdruck der damaligen Zeit – nach Hamburg, Bremen, Emden und zu den deutschen Nordseeinseln. Bei Ausbruch des Ersten Weltkrieges im Jahre 1914 ging der Hafenbetrieb in Ellenserdammersiel stark zurück. Die Hafenanlagen verfielen in der Folgezeit mehr und mehr. Nur noch kleinere Frachterkapazitäten und einige Fischereifahrzeuge fanden den Weg durch das Watt in den Sielhafen.

Mit der Fertigstellung des Petershörner Sieles im Jahre 1926 war endgültig die Hafengeschichte von Ellenserdammersiel zu Ende, das letzte Kapitel schrieben Entwässerungssiele sowie Deichbaumaßnahmen der Neuzeit. Die engen Sieltunnel in Petershörn ließen keinen Schiffsverkehr mehr zu. Da der Bau des Petershörner Sieles den wasserbaulichen Anforderungen später in keiner Weise genügte, bauten die Verantwortlichen 1956 den grossen Dangaster Siel und 1962 das Petershörner Pump- und Schöpfwerk. Dazwischen liegt ein großer Speicherpolder.

Aus der Geschichte (Eisenbahnarchiv Schmidt †, Oldenburg, jetzt Löffler, Schortens) ist bekannt, daß die Eisenbahnstrecke Oldenburg–Heppens, heute Wilhelmshaven, nach mehrjähriger Bauzeit und in verschiedenen Teilabschnitten am 3. September 1867 für den öffentlichen Zugverkehr freigegeben worden ist. Das Gesamtprojekt, in der damaligen Zeit eine technische Revolution, ist vom Staat Preußen eingeleitet worden. Das vom Königreich Preußen finanzierte „technische Projekt" wurde von der Großherzoglich-Oldenburgischen-Eisenbahn (G.O.E.) betrieben, die mit dieser Nord-Süd-Achse im Eisenbahnverkehr erhebliche Gewinne zu verzeichnen hatte. Dennoch wurde im Jahre 1913 der Eisenbahnstreckenabschnitt an den Oldenburgischen Staat veräußert.

Für den damaligen Sielhafenort Ellenserdammersiel hatte die infrastrukturelle Baumaßnahme ebenfalls eine große Bedeutung, denn mit der Streckeneröffnung im September 1867 wurde auch das Empfangsgebäude des Bahnhofes Ellenserdamm in Betrieb genommen. Das Gebäude ist nach heimatkundlichen Unterlagen etwa dort gebaut worden, wo in früheren Zeiten das im Jadebusen untergegangene Kirchspiel Hiddels gelegen hat. Die Inselkirche ist durch die Marcellusflut schwer beschädigt worden. Als im Jahre 1597 die Durchdämmung des „Schwarzen Bracks" begann, lag das „Hiddelse Karspel" mit dem Kirchhof auf einer Insel direkt an der „Salten See". Diese Tatsache hat auch der inzwischen verstorbene Oldenburger Herbert Schmidt vertreten, der über ein umfangreiches Eisenbahnarchiv verfügte. Nach Angaben des Eisenbahnexperten sind von 1874 bis 1876 erhebliche Gleiserweiterungen mit Weichenbauten in Ellenserdamm vorgenommen worden. Darüber hinaus entstand ein Beamtenwohnhaus, im Jahre 1877 der gepflasterte Bahnsteig für die Fahrgäste, und ein Jahr später wurden die Gleisanlagen auf insgesamt sieben Weichen erweitert. Schließlich ist 1884 das Bahnhofsgebäude mit Schiefer verkleidet und für die Verladung von Vieh eine Laderampe gebaut worden.

Einen Grund zum Feiern gab es für die Bewohner der Friesischen Wehde am 1. Januar 1893 mit der Betriebseröffnung der Strecke Ellenserdamm–Bockhorn über Steinhausen. 1905 kam der Streckenabschnitt Grabstede–Westerstede hinzu, so daß Reisende vom Bahnhof Ellenserdamm bis nach Ocholt fahren konnten. Die sogenannte Sternstunde für den Hafen Ellenserdammersiel schlug am 15. April 1894, als die 1,5 Kilometer lange Strecke Ellenserdamm–Ellenserdammersiel für den Güterverkehr eingerichtet wurde. Seit jener Zeit gingen Ziegeleierzeugnissse wie Klinker, Holz und Torf, Baumaterialien und Stückgüter sowie Vieh aus der Friesischen Wehde direkt an den Kai des kleinen Sielhafens. Dadurch nahm die wirtschaftliche Bedeutung des Hafens erheblich zu, er erlebte eine nie für möglich gehaltene Blütezeit. Namentlich der Viehhandel entwickelte sich

Das Stationsgebäude Ellenserdamm im Wandel der Zeiten. Dieses Postkartenfoto ist um 1900 entstanden. Streckeneröffnung 1867.

im Sielhafenort zu einer Domäne – die schwarzbunten Rinder, die in der Wehde gezüchteten Schweine und die vielen Schafe und Ziegen wurden von dort aus über See weitertransportiert. Auch die in der Wehde hergestellten Klinkersteine gelangten mit der Eisenbahn an den Hafen und von dort aus nach Wilhelmshaven, Bremen, Hamburg und in das benachbarte Ausland.

Aber diese Blütezeit sollte nicht lange währen, der Erste Weltkrieg mit seinen Auswirkungen legte auch die wirtschaftlichen Aktivitäten des Hafens lahm. Damit verfiel der Sielhafen mit dem Norder- und Südersiel in die Bedeutungslosigkeit. Der Bahnstreckenabschnitt für den Güterverkehr wurde gegen Ende der zwanziger Jahre demontiert.

Dagegen erhielt der Bahnhof Ellenserdamm in den Folgejahren zwei Stellwerke, ein Nebengebäude und ein Wärterhaus, eine sogenannte „Bahnsteigsperre" und eine offene Wartehalle. 1907 wurde nach Schmidt der Streckenabschnitt Varel – Sande zweigleisig ausgebaut. Vier Brückenbauten über das Ellenserdammer Tief (2) und das Zeteler und Steinhauser Tief (2) sowie die Erweiterung der Gleisanlagen gehörten mit zum Bauerweiterungsprojekt der damaligen Zeit. Personen- und Güterverkehrszüge gehörten zum Alltag des Bahnhofes Ellenserdamm. Nur die Eil-, Schnell- und Durchgangszüge hielten in Varel und Sande. Von dort aus konnten die Reisenden mit Personenzügen weiter nach Ellenserdamm fahren.

Der Bahnhof Ellenserdamm in den siebziger Jahren. Nicht einmal Personenzüge hielten hier. Wenige Jahre später wurde das Bahnhofsgebäude abgerissen, die bahneigenen Ländereien verkauft.

Vorderfront des Bahnhofs Ellenserdamm.

Bereits 1953 wurde mit dem Sommerfahrplan der Reisezugverkehr auf der Strecke Ellenserdamm–Bockhorn eingestellt. Im Ellenserdammer Bahnhof begann 1974 mit dem Ausbau sämtlicher Weichen und Signale die endgültige Demontage der Station. 1975 erfolgte der nördliche Stellwerkabbruch, und 1977 wurde endgültig der Personenzugverkehr in Ellenserdamm eingestellt. Letztendlich wurde das vom Verfall bedrohte Bahnhofsgebäude in den achtziger Jahren abgerissen und die bahneigenen Grundstücke verkauft. Damit ging eine 120jährige Geschichte des Bahnhofes Ellenserdamm für immer zu Ende.

Ausschnitt aus einer Karte des Jadebusens mit der Bahnlinie Varel–Wilhelmshaven.
Stahlstich Gotha: Justus Perthes, 1879.

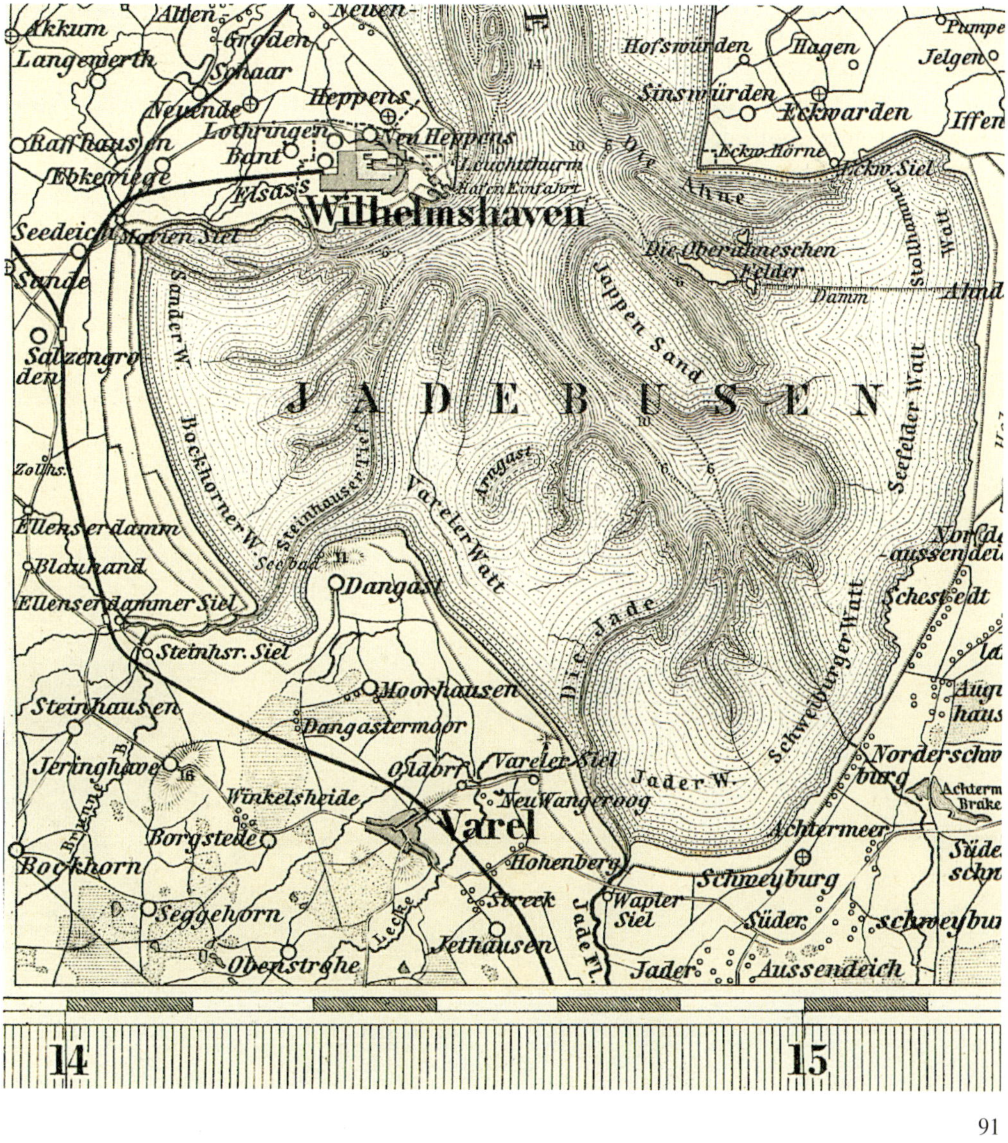

Der Petershörner Siel

Aus den im Mittelalter entstandenen, für den Bau der Deichwerke verantwortlichen Genossenschaften gingen später die Deichbände hervor, die heute für die gesamte Deichstrecke an der Küste verantwortlich sind. Um die Verwaltungsaufgaben zu erleichtern, wurden vier Deichbände gegründet. Die Zuständigkeiten der Deichbände sind durch alte Landesgrenzen, die Sanddünen bei Dangast und durch die Flußläufe geregelt. Daher liegt die friesländische Region im Bereich des III. Deichbandes, dessen Zuständigkeit vom Dangaster Geesthügel bis zur sogenannten „Goldenen Linie" bei Carolinensiel reicht. Weil durch Deichbauten die natürlichen Wasserläufe blockiert wurden, mußten zwangsläufig Entwässerungssiele mit Sieltoren (Durchlässe im Deichkörper) geschaffen werden. Sielachten sind für die Siele und deren Instandhaltung in der heutigen Zeit verantwortlich. Allein im Bereich des III. Deichbandes lagen noch in den fünfziger Jahren zehn Siele. Im einzelnen waren es der Horumer Siel, der Hohenstiefer Siel, der Crildumer Siel, der Hooksiel, der Inhauser Siel, der Rüstersiel mit dem vorgeschobenen Maadesiel, der Banter Siel, der Mariensiel und der Petershörner Siel bei Dangast. Für den Siel war die Bockhorner Sielacht zuständig.

Das Einzelgehöft Hiddels bei Ellenserdamm in den fünfziger Jahren nach einem Foto von Bernhard Meyer, Varel. Das historische Areal war ein Teilstück der versunkenen Insel Hiddels gewesen.

Der Bau des Petershörner Sieles. Die Aufnahme stammt aus dem Jahr 1924 und zeigt das Bauwerk kurz vor der Fertigstellung.

Das zum Petershörner Siel gehörende Entwässerungsgebiet war geographisch durch die Höhenlage der Küstenregion beeinflußt. Westlich vom Geestrücken begrenzt durch das Moor, erstreckt es sich von Varel über Bockhorn, Zetel bis nach Horsten. Dazu hat der Petershörner Siel die der Geest vorgelagerten Marschen zu entwässern, die sich in der Linie Dangast, Jeringhave, Seghorn, Bockhornerfeld, Bredehorn, Astederfeld, Neuenburgerfeld, Marx, Wiesede, Reepsholt, Schost, Schortens und Sande befinden. Das bis weit nach Ostfriesland hineinreichende Areal beinhaltet etwa 32.000 Hektar Gesamtfläche. Geestbäken und sogenannte Unterläufe wie Tiefs nehmen das Wasser auf und führen es letztendlich zum Siel. Bekannte Wasserläufe sind die im Jührdener Moor entspringende Brunner Bäke und die aus der Quelle bei Lindern fließende Woppenkamper Bäke, die sich hinter Steinhausen zum Steinhauser Tief vereinigen. Zu nennen ist noch die Bullenmeersbäke (sie entwässert das frühere Bullenmeeresgebiet bei Astederfeld), die Zeteler Bäke (sie entstammt dem Moor bei Neuenburgerfeld) und die Driefeler Bäke (sie führt das Wasser aus dem Zeteler Esch ab). Alle drei genannten Bäken bilden das Zeteler Tief. Nachzutragen sind nur noch das von der ostfriesischen Geest bei Marx abfließende Friedeburger Tief und das die Geest bei Upjever und die Niederung bei Neustadtgödens entwässernde Neustädter Tief. Beide Wasserläufe fließen bei Ellenserdamm zusammen und bilden das Ellenserdammer Tief.

Die Julianenflut vom 17. Februar 1164 trennte den Gau Rüstringen durch die Jadeerweiterung der damaligen Zeit in zwei Teile. Die Orkanflut hatte die Deiche zerstört und eine tiefe Balge bis an das Moor vorangetrieben. Weitere Landverluste brachte die erste Marcellusflut vom 16. Januar 1219 sowie die zweite Marcellusflut des Jahres 1362. Die Wassermassen „zerrissen“ das Land nach drei Seiten. Die westliche Jadeerweiterung wurde „Swarte Brack“ genannt. Die Bucht wurde durch die am 16. Januar 1511 hochauflaufende Antoniflut noch vergrößert. Nach urkundlichen Quellen und Aufzeichnungen war im Süden alles Land bis nach Jeringhave, Steinhausen und Zetel verlorengegangen. Nur das Bauernhofgelände „Hiddels“ und ein Rest des Dorfes Ellens waren vom Wasser verschont geblieben. Die Flut konnte danach ungehindert bis zur Friedeburg in Ostfriesland vordringen.

Obwohl weitere Sturmfluten über das Land zogen, haben sich im 16. Jahrhundert „starke Aufschlickungen“ ergeben, die das Oldenburger Grafenhaus veranlaßten, dem vernachlässigten Deichbau wieder nachzukommen. So wurde unter anderem der Ellenser Damm in der Zeit von 1596 bis 1615 quer durch das „Schwarze Brack“ fertiggestellt.

Die nachfolgenden Jahrhunderte waren geprägt von Deichbaumaßnahmen an der Küste, denn dadurch konnten viele Grodengebiete gewonnen werden. 1659 entstand der „Blauhander Groden“ mit der Konsequenz, daß östlich des Ellenserdammer Deiches eine Verlagerung der ostfriesischen Entwässerung erfolgte. Die Rinne führte nunmehr am Blauhander Deich entlang zur „Salten See“. Darin mündeten auch das Zeteler und das Steinhauser Tief. Der heute noch bestehende Abfluß aus dem Brack, das Ellenserdammer Tief, kam bei der Ortschaft Ellenserdammersiel hinter dem späteren Hafen mit dem Zeteler und Steinhauser Tief zusammen, um Richtung Petershörn abzufließen. Zur Zeit der Dänenherrschaft von 1677 bis 1793 ist der Ellenserdammer Groden, auch Dänengroden genannt, eingedeicht und 48 Jahre später der „Friedrich-August-Groden“ dem Meer abgerungen worden. Dann erfolgte die Eindeichung des Adelheidgrodens (1822) und des Petersgrodens (1852).

Die schnellen Eindeichungsmaßnahmen waren ohne die Sieltorbauten vorgenommen worden. Die alten Siele blieben dort stehen, wo sie vorher auch schon standen. Im einzelnen waren es die vier großen Siele bei Ellenserdammersiel, nämlich der Steinhauser Siel, der Zeteler Siel, der Süder-Ellenserdammersiel und der Norder-Ellenserdammersiel. Die letzteren sind die Siele des Ellenserdammer Tiefs, die vor dem neuen Deich wegen der Wassermengen in einer Gabelung „geteilt“ werden mußten. Hinter dem Deich liefen beide Wasserläufe um eine Insel herum, um danach in das Außentief zusammenzulaufen. Irgendwann hat sich dann an dieser Stelle der Hafenbetrieb Ellenserdammersiel entwickelt. Obwohl die Ortschaft 1994 das 250jährige Bestehen feierte, ist anzunehmen, daß Ellenserdammersiel bezüglich der Hafengeschichte älter als 250 Jahre ist. Heimatkundler glauben, daß mit der Errichtung der Ellenserdammer Schanze im Jahre 1615 durch Graf Anton Günther hinter einem Deichstück am Tief die Grundlagen für den Schiffsverkehr geschaffen wurden.

Nachgewiesen ist, daß sich der Hafen Ellenserdammersiel zu einem „lebhaften“ Schiffahrtsort entwickeln konnte, denn das sogenannte Hinterland – die Friesische Wehde – war ein aufblühender Wirtschaftsfaktor. Besonders die Klinkerindustrie nutzte den Hafen, um die Steinprodukte nach Hamburg, Emden und zu den Nordseeinseln zu bringen.

Aus Chroniken um 1895 geht eindeutig hervor, daß Pläne vorhanden waren, die breite buchtenähnliche Fahrrinne bei Dangast nach Ellenserdammersiel in westlicher Richtung abzudämmen. Kostenträchtige Reparaturen am Steinhauser Siel waren als Grund genannt worden. Siel und Deich sollten verlegt werden. Dabei wollten die Verantwortlichen den Sand für den Deichkern in Dangast abbauen und den Kleiboden dem sogenannten Schlafdeich bei Adelheidsgroden entnehmen. Weiter war beabsichtigt, die Hafeneinrichtungen von Ellenserdammersiel vor den neuen Siel zu legen. Auch der seit 1892 bestehende Hafengleisanschluß und die Hafenstraße sollten mit neuen Deichscharten versehen und mit dem Hafen „vorgeschoben werden“. Weil aber die Bockhorner Sielacht die dafür notwendigen Baukosten nicht aufbringen konnte, wurde der Plan am 9. Mai 1896 „mit Bausch und Bogen verworfen“, wie es in einer schriftlichen Mitteilung heißt.

Bereits nach dem Ersten Weltkrieg tauchte der Plan von 1895 wieder auf. Jetzt wurde eine „einfachere Form aller Maßnahmen angestrebt“. Der Hafen sollte mit seinem Gleis- und Straßenanschluß völlig wegfallen, denn der gesamte Schiffsverkehr war während des Krieges in Ellenserdammersiel fast zum Erliegen gekommen. Die verkehrstechnische Infrastruktur – die Eisenbahn übernahm den Transport aller Güter in der Region – machte vor dem Sielhafenort nicht halt. So wurde von den Verantwortlichen der Beschluß gefaßt, den Petershörner Siel zu bauen. Zwangsläufig wurde damit die Zufahrt zum Hafen für Schiffe aller Art nach Ellenserdammersiel über das Tief für immer „dichtgesetzt“. 1922 waren die Deich- und Sielbaupläne bereits fertig. Ein Jahr später liefen die Arbeiten für das Gesamtprojekt an. Die Deichlinie verlief in einem Bogen von Petersgroden zu den Sanddünen von Dangast. Gleichzeitig begannen in einer tiefen Baugrube die Rammarbeiten für das Petershörner Siel, um für den späteren Steinbau ein sicheres Fundament zu bekommen. Nach zwei Jahren war das Werk vollendet, der Petershörner Siel konnte entwässern. Durch den damals modernen Sielbau konnten die vier Ellenserdammer Siele und zwei weitere kleinere Durchlässe eingehen, sie waren überflüssig geworden. Tageszeitungen rühmten die mit dem Sielbauwerk verbundene Eindeichung von 260 Hektar wertvollen Marschenbodens. Die Kosten des Deichwerkes trug eine „Eindeichungsgenossenschaft“. Danach blieb das Gebiet zwischen dem bisherigen Außentief und dem Neudeich von Petershörn nach Ellenserdammersiel Staatseigentum. Der 40 Hektar große „Neue Groden“ wurde in der Folgezeit vom Domänenamt verpachtet. Das Land auf der Dangaster Seite des Tiefs – der „Meedengroden“ und der „Wurp“ – mit einer Fläche von 220 Hektar blieb Privatbesitz begüterter Bauern aus dem Bereich von Jeringhave. Der Sielbau ging zu Lasten der Bockhorner Sielacht, die aber staatliche Zuschüsse in Höhe von 274.000 Reichsmark erhielt, 137.000 Reichsmark mußte die Acht

Blick auf das 1961/62 gebaute Petershörner Pump- und Schöpfwerk, welches den damals gebauten Petershörner Siel ersetzen mußte. Der Siel war den wasserbaurechtlichen Kriterien nicht mehr gewachsen.

aus eigener Kasse zahlen. In der Folgezeit blieb der Petershörner Siel ein reparaturanfälliges und damit kostenträchtiges Objekt. Die Liste der Mängel am Sielbauwerk füllte bald mehrere Ordner, die Verantwortlichen mußten feststellen, daß das Sielbauwerk den wasserbaulichen Anforderungen durch Baufälligkeit nicht mehr gewachsen war. So wurde 1956 der Dangaster Siel gebaut, der in den neuen Deich „eingebettet" liegt. Gleichzeitig entstand der kleine Dangaster Sielhafen mit befestigten Kaimauern und Pegelhaus. Schließlich wurde als „unterstützende Entwässerungseinrichtung" in den Jahren 1961/1962 noch das Petershörner Pump- und Schöpfwerk gebaut. Zwischen beiden Bauwerken liegt ein großer Speicherpolder.

Wer heute mit dem Fahrrad von Cäciliengroden bei Sande in südlicher Richtung am Deich entlang nach Dangast fährt, wird oft mit historischen Flur- und Ortsnamen konfrontiert, die ihren Ursprung in der Geschichte des damaligen Oldenburger Herrscherhauses haben. Allein der kleine Ort Cäciliengroden, vor etwa sechzig Jahren als Arbeitersiedlung für die Kriegsmarinewerft Wilhelmshaven unmittelbar auf dem 1844 eingedeichten Landstück mit der Flurbezeichnung „Cäciliengroden" entstanden, erinnert an das Oldenburger Herrscherhaus. Die Großherzogin Cäcilie von Oldenburg, sie starb am 27. Januar 1844, war Patin für die Namensgebung der Grodensiedlung.

Auf Veranlassung der damaligen Marinebehörden in Wilhelmshaven wurde die 1937 gegründete Wohnungsbaugesellschaft „Jade“ beauftragt, zur vermehrten Ansiedlung von Arbeitskräften für die Marinewerft in Wilhelmshaven auf dem Cäciliengroden eine neue Siedlung zu errichten. Als schließlich auch die nötigen geldlichen Mittel vorhanden waren, wurden nach den Plänen des Architekten Friedrich Heuer aus Bremen für die Siedlung verschiedene Haustypen entworfen. Die ersten eingeschossigen Wohnhäuser entstanden 1938, später kam dann der Haustyp des Reihenhauses und Doppelhauses hinzu.

Obwohl im September des Jahres 1938 noch keine festen Straßen im Baugebiet verlegt waren, konnten die ersten Werfthäuser für die Arbeiter bereits im gleichen Jahr zur Verfügung gestellt werden. Zwei Jahre später waren genau 256 Kleinsiedlungen und 104 sogenannte Volkswohnungen auf dem Grodengelände fertiggestellt.

Die Bewohner waren in der Regel Beamte des einfachen Dienstes und dienstverpflichtete Werftarbeiter, die in der nahegelegenen Jadestadt Wilhelmshaven auf der sogenannten Kriegsmarinewerft ihrer Beschäftigung nachgingen. Trotz des Wohnungsbaues kamen die meisten Arbeiter aus dem Raum Sande, Mariensiel, Ostiem, Heid-

Historisches Deichreststück in Ellenserdammersiel mit dem 1844 errichteten Zollhaus. Es ist mittlerweile das dritte Zollbauwerk und wird jetzt privat genutzt.

mühle, Horsten, Etzel, Zetel und Neustadtgödens. Manche von ihnen gingen am rühen Morgen um vier Uhr aus dem Haus, um am späten Abend gegen 19 Uhr wieder daheim zu sein. Da es an öffentlichen Verkehrsmitteln in den Randgebieten fehlte, mußten viele Arbeiter zu Fuß oder mit dem Fahrrad die Arbeitsstelle in der Jadestadt aufsuchen. Der größte Anteil der Werftbeschäftigten war allerdings in Wilhelmshaven zu Hause.

Zwei Jahre nach der Gründung wurde in Cäciliengroden das aus roten Ziegelsteinen erbaute Volksschulgebäude eingeweiht, in der die Kinder der Grodensiedlung bald darauf unterrichtet wurden. Kleinere Geschäfte und Läden öffneten ihre Türen, es entstanden ein Siedlerheim und ein Jugendlager, und ein kleiner Sportplatz wurde hergerichtet. Viele Vereine und Gemeinschaften feierten ihren Gründungstag.

Nach dem Zweiten Weltkrieg vergrößerte sich Cäciliengroden flächenmäßig mehr und mehr. Neue Baugebiete im Südwesten, im Nordwesten und Westen der Siedlung ließen die Einwohnerzahl bald darauf auf 1.600 Personen ansteigen. 1959 wurde in Cäciliengroden nach den Plänen der Sander Architektin Frieda Timpe die Christus-Kirche mit dem freistehenden Glockenturm gebaut. Für die katholische Glaubensgemeinschaft hatte bereits seit 1948 in Cäciliengroden eine kleine Holzkirche mit dem Namen „St. Cäcilia“ zur Verfügung gestanden. 1981 entstand aus dem Jugendheim das Dorfgemeinschaftshaus, das heute für die vielen Aktivitäten der Vereine und Gemeinschaften und andere gesellschaftliche Veranstaltungen genutzt wird.

Verläßt man Cäciliengroden in südlicher Richtung, erreicht man bald darauf die zur politischen Gemeinde Bockhorn zählende Grodensiedlung Petersgroden mit etwa 100 Einwohnern. Die damalige Bedeichung des rund 200 Hektar großen Areals ist nach geschichtlichen Angaben 1852 begonnen und erst im Jahre 1888 erfolgreich beendet worden. Die Gesamtkosten des Bauprojektes beliefen sich auf fast 250.000 Mark.

Dank des fruchtbaren Bodens siedelten sich hier in erster Linie Landwirte an. Noch heute prägen große landwirtschaftliche Höfe und Anwesen das Straßenpanorama der Grodensiedlung. Bei der Namensgebung war der Oldenburger Herzog Peter Friedrich Ludwig als Pate gewählt worden. Er lebte vom 17. Januar 1755 bis zum 21. Mai 1829 in Oldenburg und war ein Neffe des Herzogs Friedrich August von Holstein-Gottorp.

Ebenfalls zur Gemeinde Bockhorn gehörend ist die Grodensiedlung Adelheidsgroden zu benennen, während die Ansiedlung Idagroden zur Gemeinde Zetel gehört. Der etwa 170 Hektar große Adelheidsgroden am Steinhauser Tief wurde 1818 in nur zwei Jahren dem Jadebusen abgerungen und eingedeicht. Benannt wurde der Groden nach Adelheid von Anhalt-Bernburg, der ersten Gemahlin des Großherzogs Paul Friedrich August von Oldenburg. Die Eindeichungskosten sind mit 1.650 Mark je Hektar in den Journalen festgehalten.

Der bereits erwähnte Idagroden entstand auf dem Außendeichsland zwischen Cäciliengroden und Petersgroden. Die Bauarbeiten für die Eindeichung erstreckten sich von 1873 bis 1880, denn der zu erstellende Deich mußte über 2.000 Meter lang werden. Der rund 80 Hektar große Landgewinn mußte mit 1.750 Mark je Hektar finanziert werden. Es sind also 140.000 Mark für die Eindeichungsmaßnahme erforderlich gewesen. Auch in Idagroden siedelten sich vornehmlich Bauern an, die wie in Petersgroden über ähnlich große Höfe und Anwesen mit den entsprechenden Ländereien verfügen.

Ausschnitt aus der „Charte vom Jader Meerbusen", Lithographie von G. Stalling, Oldenburg 1840. Vermessen, entworfen und gezeichnet wurde die Karte 1839 von H. Wöbcken.

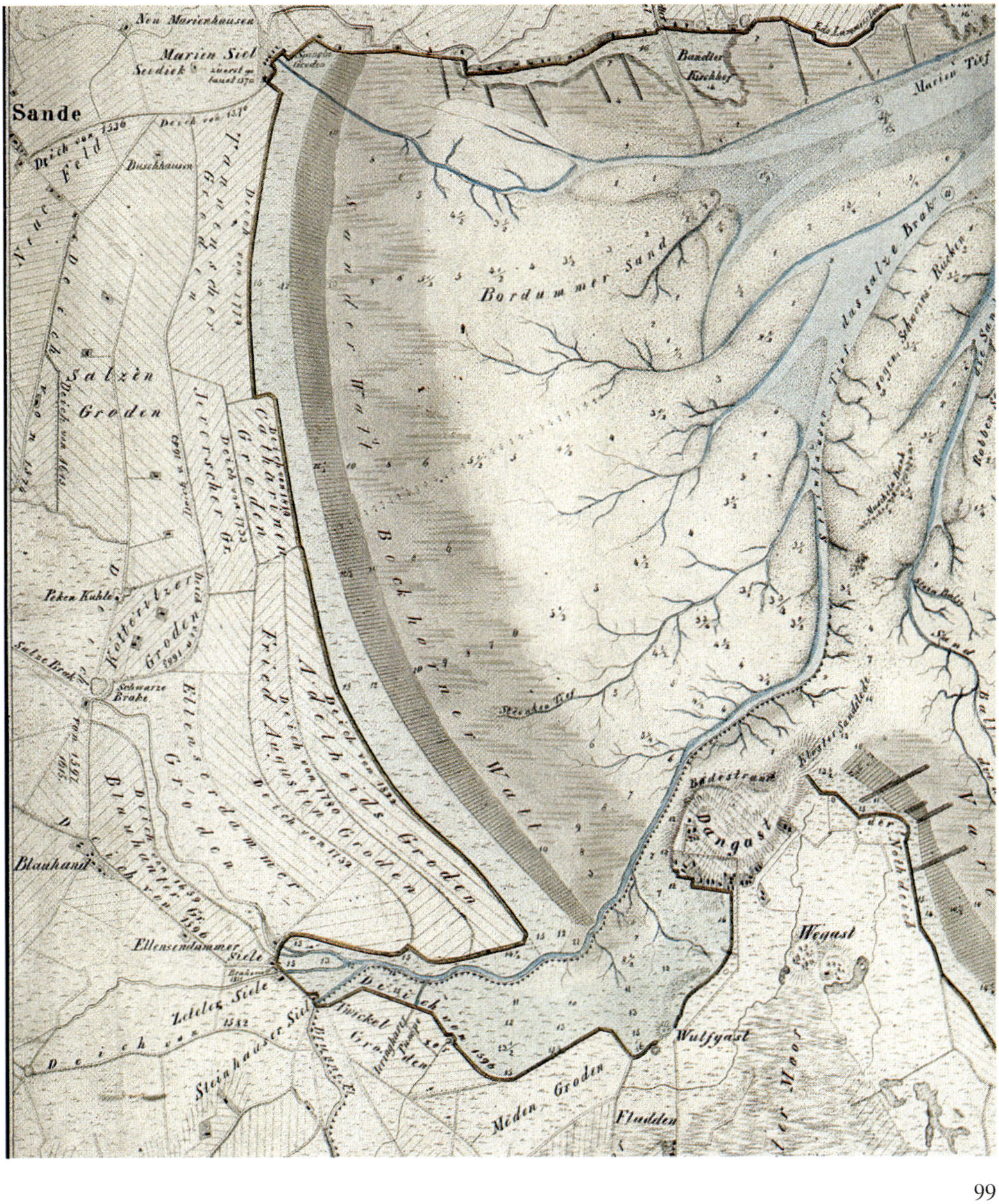

Vom Häuptlingssitz zum Nordseeheilbad Dangast

Aus heimatkundlichen Chroniken und Schriftstücken (Oldenburgische Chronik, Hamelmann, 1599; Der Gemeinnützige, 1905; Info-Material Heimatverein Varel, 1930) ist bekannt, daß der Ort Dangast bei Varel – wahrscheinlich abgeleitet aus der friesischen Bezeichnung „Dannen-Gast" (Tannen-Geest) – schon im frühen Mittelalter um das 11. Jahrhundert durch Menschen besiedelt wurde. Zwangsläufig lockte der hohe und damit „trockene Geestrücken" inmitten der damaligen Sumpf- und Moorlandschaft Siedler an. Heimatkundliche Quellen zitieren einen hölzernen Kirchenbau und ein Steinhaus, das dem Friesenhäuptling Edo Wiemcken gehört haben soll. Durch die 1362 auflaufende Orkanflut sind beide Gebäude beschädigt worden und später endgültig in den Fluten „versunken".

Allerdings darf das Steinhaus in Dangast nicht mit dem in alten Schriften genannten „Steenhus" in Dangast verwechselt werden. Eigentümer der spätmittelalterlichen Burg, so die Chroniken, sei der Häuptling Folkert Jagesen gewesen, dessen Söhne Ike und Rikle dem Häuptlingswesen in Friesland „mehr als kritisch gegenüberstanden". Ike und Rikle unterstellten sich bereits 1435 dem Oldenburger Grafenhaus. Damit ging bereits ein Teil der demokratischen Häuptlingsordnung der Friesen mit allen Privilegien wie das Deich- und Erbrecht für immer verloren. Die Abhängigkeit der friesischen Häuptlinge gegenüber dem Oldenburger Grafenhaus hatte begonnen.

In mehreren Zeitungsartikeln des Vareler „Gemeinnützigen" zwischen 1905 und 1930 ist vieles über das ehemalige Kirchspiel Dangast nachzulesen. Wegen der Identität mit älteren heimatkundlichen Quellen wird an dieser Stelle ein Artikel über Dangast wiedergegeben, der die geographische und historische Entwicklung des Ortes beschreibt:

„Dangast, dessen Name, wie angenommen wird, wohl herzuleiten ist aus dem ehemaligen großen Bestand an Fichten und Kiefern, plattdeutsch Dannen und Gast, dem plattdeutschen Ausdruck für Geest, also Dannengast – Dangast, lag früher viel weiter nördlich auf dem Land, das in einem fast fünfhundertjährigen Kampf vom Jadebusen nach und nach weggespült und dessen größte Vernichtung und Landeinbruch wohl auf die Marcellusflut vom 16. Januar 1219 und die Antoniflut vom 16. Januar 1511 zurückzuführen ist. Um das verlorene Land wieder zu gewinnen, wurden wegen politischer Streitigkeiten zwischen den zuständigen Gemeinden viel zu spät Maßnahmen getroffen. Erst um 1530 begann man mit neuen Deichbauten, die aber schon weit landeinwärts errichtet werden mußten und zur Folge hatten, daß das preisgegebene Land infolge der täglichen Flut mehr und mehr weggespült und somit der Meerbusen ständig erweitert wurde, bis schließlich Dangast nördlich-östlich und westlich vom Jadebusen umschlossen wurde, somit also den Charakter einer Halbinsel aufwies, dessen steile Abbruchsufer den künstlichen Deich ersetzten."

Auf das Häuptlingswesen eingehend, überliefert das alte Blatt folgende Passagen: *„Aus dem Geschlecht der Wimekinge, den Beherrschern des Jeverlandes, war es Edo Wimeking der Aeltere, mit seiner Gattin ‚Etta', die ihm Dangast mit in die Ehe gebracht, etwa*

1350, die auf Herrschaft Dangast wohnten. Und zwar in einem Steinhause, das auf dem nördlichen Abbruchsufer, auf welchem auch eine Kirche stand, die in der Chronik zuerst 1427 erwähnt wird. Auch befand sich um diese Kirche ein Kirchhof, dessen Reste sich noch zu Anfang des 19. Jahrhunderts nachweisen ließen. Aus diesem Kirchhofe stammen Steinsärge, die man wohl in die erste christliche Zeit hiesiger Gegend einreihen muß. Die Särge werden noch heute im Oldenburger Museum aufbewahrt.

Später, nach dem Abzug Edo Wimekens nach seiner Edenburg-Bant (die spätere Sibethsburg), wo er auch im Jahre 1415 verstarb, fiel Dangast mit seinem Klosterhof und Herrenland an die Johanniterkomturei Hoven-Bant. Der letzte Komtur von Hoven, Siebert Schmedes, residierte im Dangaster Klosterhof bis zu seinem Tode, worauf 1550 die Grafen von Oldenburg das Gut einzogen und ihm Meierrechte gaben. Nach dem in Rastede, am 19. Juni 1667 erfolgtem Tode des Grafen Anton Günter, kam Dangast mit dem Amt Varel und der Herrlichkeit Kniphausen, an dessen Sohn Anton I., geboren 1. Februar 1633, gestorben 27. Oktober 1680."

Weiter heißt es: *„Als Anton I. Sohn, Graf Anton II. von Aldenburg ohne männliche Nachkommen starb, fiel Varel mit Dangast usw. an seine Erbtochter Sophie Charlotte, welche*

Das Nordseebad Dangast um die Jahrhundertwende nach einem alten Stich. Handkologiert wurde das großformatige Wandbild von der Bockhorner Malerin Jana Hackerowa. Eigentümer des Aquarells ist der Dangaster Kapitän Anton Tapken.

sich am 1. Juni 1733 mit dem aus Holland stammenden Wilhelm von Bentinck, der am 29. Dezember 1732 mit kaiserlichem Dekret in den deutschen Reichsgrafenstand erhoben worden war, vermählte. Nach dem Tod ihres Vaters, am 6. August 1738, verließ die Gräfin ihren Gatten, dies zog die Scheidung der Ehe nach sich. Infolgedessen ging die Herrschaft Varel mit Dangast durch Vertrag vom 18. August 1754 auf die minderjährigen Söhne, die Grafen Bentinck über. Und von diesen war es Reichsgraf Wilhelm Gustav Friedrich von Bentinck, der berühmteste und bedeutendste aller Bentincks, auch wohl durch seine Ehe mit der Magd Sarah Margarete Gerdes, der ‚Köselmakersdeern', der interessanteste, der Erbauer der Reichsgräflich-Bentinckschen Seebade-Anstalt Dangast, der auf der Dangaster Düne, unmittelbar am Strand, etwa um 1800 den Grundstock legte, zu den noch heute bestehenden Kur- und Badehäusern der Familie Gramberg. Das Bad entwickelte sich unter Führung des Grafen, der den Nutzen der Seebäder in England, gelegentlich seiner Gefangenschaft dortselbst, kennengelernt hatte, zusehends, wenn es auch in der Franzosenzeit, 1810–1813, etwas zurückging. Infolge der bekannten Erbstreitigkeiten entzog 1814 Oldenburg dem Grafen Bentinck wieder seine Besitzungen einschließlich Bauernschaft Dangast, die zu der Zeit 33 Feuerstellen und 164 Seelen aufwies. Dangaster Moor 12 Feuerstellen, 54 Seelen und Wehgast 1 Feuerstelle 4 Seelen. Doch des Grafen Kampf zur Wiedergewinnung führte in den Jahren 1825 und 1830 dazu, daß ihm wieder seine Rechte eingeräumt wurden. Und wiederum blühte Bad Dangast rasch auf und brachte es schon damals oft auf eine Jahresfrequenz bis etwa 800 Personen, darunter Namen von Klang und Ansehen.“

Abschließend heißt es über Dangast: *„Am 22. Oktober 1835 verschied Wilhelm Gustav Friedrich von Bentinck und wurde als letzte männliche Leiche in der gräflichen Gruft in der Vareler Kirche beigesetzt. Nach seinem Tode ging Bad Dangast sehr zurück, was aber nicht die Folge der Gleichgültigkeit der Nachfolger des bisherigen Besitzers dem Bad gegenüber war, sondern auch namentlich seinen Grund darin hatte, daß auf den Nordseeinseln überall Bäder entstanden und nicht zuletzt wohl als Hauptursache in der finanziellen Not und dem Erbfolgestreit der Bentinck zu suchen ist. Dem unglückseligen Zustande des Erbstreites machte der Großherzog von Oldenburg dadurch ein Ende, daß am 13. April bzw. am 30. Juni 1854 ein Vertrag zwischen den Streitenden zustande kam, nach welchem die Bentincks ihre Hoheits- und Patrimonialrechte mit sämtlichen zum Familienfideikomiß gehörenden Güter usw. an die Großherzogliche Regierung abtraten und diese über alles frei verfügen konnte.“*

Die Großherzogliche Regierung in Oldenburg tat sich in der Folgezeit recht schwer mit dem Neuerwerb von Bad Dangast, so daß Verkaufsabsichten aus Oldenburg die Runde machten. Danach kam die Herrschaft Bad Dangast mit *„den gesamten Beliegenheiten, Häusern, Strand und dem Park“* in Privatbesitz. Ein gewisser Dr. med. Schüßler aus Varel, der seinen Wohnsitz in der Moltkestraße Nr. 5 hatte, konnte das Bad käuflich erwerben. Der Mediziner hoffte auf die vom Bad und dem Salzwasser ausgehenden Heilwirkungen und ließ bald darauf in Dangast ein zweites Logierhaus errichten. Doch Wunderdinge waren auch in Bad Dangast nicht zu vollbringen, die Kurpatienten blieben aus, und der Arzt mußte aus finanziellen Gründen seinen Besitz wieder verkaufen. So kam die Gesamtanlage in die Hände von Carl Gramberg, der mit *„unermüdlichem Fleiß und kaufmännischem Geschick"* die Badeanlagen in Dangast zu neuem Leben erweckte. Gramberg ließ sogar eine Dampferanlegebrücke errichten, an der Passagierschiffe festmachen konnten. Angesichts steigender Gästezahlen gründeten die Dangaster bald darauf den „Verein zur Förderung des Fremdenverkehrs im Nordseebad Dangast". Waren es im Jahre 1905 im Juli noch 200 Badegäste, stieg die Zahl der Erholungssuchenden im Juli des Jahres 1912 bereits auf über 1.200 Personen. Dangast entwickelte sich mehr und mehr zum Seebad an der Jadebusenküste.

Als die Grafenfamilie Bentinck im 18. Jahrhundert mit dem Gedanken spielte, das direkt am Jadebusen liegende kleine Kirchspiel Dangast zu einem Seebad weiter auszubauen, ahnte sie sicherlich nicht, daß 200 Jahre später der Badeort eine weit über die Region hinausgehende Bedeutung für den Tourismus haben würde. Aus dem ehemaligen Fischer- und Bauerndorf entwickelte sich im Zeitablauf das nunmehr staatlich anerkannte Nordseeheilbad Dangast. Der kleine Ort mit seinen rund 600 Einwohnern zählte 400.000 Übernachtungen während der jüngsten Saison – eine Zahl, die für sich spricht.

Die Ansiedlung Dangast war im Mittelalter der Stammsitz mehrerer friesischer Häuptlinge. Sie sollen es auch gewesen sein, die an der Küste erste Häuser aus Steinen errichteten und in Einzelfällen zu burgartigen Festungen ausbauten. Als Beispiel für diese Tatsache steht das Steinhaus Dankstede bei Dangast. Häuptling Folkert Jagesen war der Besitzer der spätmittelalterlichen Burg. Nach der sogenannten Häuptlingsepoche übernahmen die Oldenburger Grafen die Herrlichkeit Varel mit dem Dorf Dangast, welches bis dahin nur mühsam mit dem Pferd oder mit dem Fuhrwerk zu erreichen war. Graf Bentinck ließ deshalb von Varel bis Dangast einen befestigten „Thamm" aufschütten, der durch die sumpfige und moorige Landschaft bis fast an die See führte. Baulich ständig verbessert, wurde die sichere Zuwegung in das Kirchspiel Dangast bald als „Langer Damm" bezeichnet und in der Region überall bekannt. Der Flurname hielt sich bis in die heutige Zeit, denn noch heute heißt ein Ort bei Varel Langendamm. Von dort führt heute die Kreisstraße 110 über den ehemaligen „Thamm" über Dangastermoor direkt in das Nordseebad.

Schon frühzeitig hatte der Geestrücken bei Dangast Fischer bewogen, sich dort anzusiedeln. Es entstanden Liegeplätze an den Prielen für die Ewer, die als Einmaster „getakelt" auch als Fischewer bezeichnet wurden. Wieder andere stellten mit Flachbodenschiffen den Garnelen nach oder stellten in den wasserführenden Prielen Fangkörbe für Krabben und Fische auf. Als Transportfahrzeug im Watt nutzten die Fischer den noch heute legendären „Schlickschlitten", der ein Einsinken in das tiefere Watt verhinderte.

Den Fischern folgten die Häuslinge, die ebenfalls Holzhäuser und Hütten am Wasser errichteten. Der fruchtbare Ackerboden, die fetten Weiden der Salzwiesenareale mit dem für das Vieh nahrhaften Andelgras ließen um 1700 ein in sich geschlossenes Gemeinwesen entstehen. Selbst die Arngaster Inseln, vor 700 Jahren noch „Festland" und verbunden mit Dangast, konnten während der Ebbzeit betreten werden. Die zwei Inseln galten

Strandleben in Dangast um die Jahrhundertwende. Mit kolorierten Postkarten macht der Ort am Jadebusen auf sich aufmerksam. Wie aus der Postkartenreproduktion ersichtlich, bauten schon damals die Kinder wimpelgeschmückte Sandburgen.

als Domänen für ansiedlungswillige Menschen der damaligen Epoche. In Journalen werden die Eilande oft als *„beste Pfarren in Rüstringen"* benannt.

Auf dem bereits erwähnten Geestrücken am Jadebusen entstanden möglicherweise schon vor 1797 erste einfache hölzerne Badehütten, die Vorläufer der späteren Bentinckschen Badeanstalt. Hier entstanden Anfang des 19. Jahrhunderts das gräfliche Konservationshaus und mehrere Nebengebäude. Im einzelnen waren es nach der Chronik ein Tanz- und ein Spielsaal, ein Speisesaal mit Küche sowie Lese- und Gesellschaftsräume. Später kamen die ersten befestigten Strandanlagen mit steinernem Badehaus, Umkleidekabinen für Damen und Herren und das Logierhaus hinzu. 1820 wurden fahrbare Badewagen angeschafft, die mit den Wasserständen hin- und hergeschoben werden konnten, sowie Ruhebänke aufgestellt und Anlagen für Warmbäder installiert, die von Mai bis Oktober genutzt werden konnten. Eine Gartenkegelbahn, mehrere Liegewiesen und sogar ein Feinschmeckerrestaurant vervollständigten bald darauf die Einrichtungen des ersten Seebades am Jadebusen, die allerdings zuerst nur den Oldenburger und Vareler Hofbeamten sowie besser gestellten Persönlichkeiten zur Verfügung gestanden haben sollen. Selbstverständlich hatte der Hofadel gesonderte Privilegien mit eigenen Einrichtungen und getrennten Sonderanlagen im gräflichen Badebereich.

Während der französischen Besatzungszeit unter Napoleon verlor der Badeort Dangast vorübergehend an Bedeutung. Viele Einwohner verließen den Ort, um in der Umgebung von Varel eine neue Existenz aufzubauen. Nur die Alteingessenen blieben, vertrauten auf „bodenständige Berufe“ wie Landwirtschaft und Fischerei sowie die Handwerkskunst. Alle anderen Zünfte, die von der Existenz der gräflichen Badeanstalt abhängig waren, bekamen den plötzlichen Gästeschwund zu spüren. Auch die im Jahr 1825 auflaufende Sturmflut setzte dem Seebad gehörig zu, viele Einrichtungen in Dangast waren zerstört worden. Dadurch verfiel der Ort mehr und mehr und geriet bei den reiselustigen Sommertouristen fast in Vergessenheit.

Erst mit dem Beginn des nächsten Jahrhunderts kam der Wiederaufbau in Dangast. Das Seebad erlebte bald darauf seine Renaissance. Viele Menschen suchten und fanden dort „Erholung und Gesundung“, wie es in einem zeitgenössischen Journal beschrieben wird. Am früheren Anleger lagen in den fünfziger Jahren zeitweise bis zu zwölf Krabbenkutter, die ausnahmslos in Dangast beheimatet waren. Sie landeten im Rhythmus der Gezeiten frisch gefangene und an Bord gegarte Garnelen an, die als Granat auch dem „kleinen Mann“ mundeten und ebenso die Gaumen von Feinschmeckern verwöhnten. Im Mai

Der 1958 erbaute Dangaster Sielhafen ist durch ein steinernes Sielbauwerk vom Binnenland getrennt. Während der Siel über das Schöpfwerk Petershörn die Entwässerung regelt, wird der Hafen von Sportbooten und Krabbenkuttern angelaufen.
Im Hintergrund ist das „Kurhaus“ zu sehen.

gab es die bekannten „Maischollen", wenig später die begehrten „Seezungen" und im Herbst die Muscheln. In den Prielen gingen Aal- und Plattfischfänger ihrem Erwerb nach, leerten bei Ebbe die gefüllten Stellnetze und Aalreusen.

Die Situation änderte sich 1956, als der kleine Sielhafen mit befestigter Kaimauer und dem Sielbauwerk gebaut wurde. Weil die Erträge der Krabbenfischer nicht einmal mehr die Betriebskosten für die Kutter deckten, gaben viele Fischer auf. Heute sind in Dangast nur hin und wieder Krabbenkutter zu bestaunen, die aber immer noch die Gäste und Besucher mit Garnelen beliefern, obwohl die Fangerträge zwischenzeitlich nach Aussagen der Betroffenen bis auf fünfzig Prozent und mehr zurückgingen. Heute ist der hohe Preis für die Delikatessen aus dem Meer das Maß aller Dinge, auch im Nordseebad Dangast.

Aber die damals typische Fischerdorfkulisse mit zum Trocknen aufgehängten Stell- oder Schleppnetzen oder aufgestellten Aal- und Granatkörben am Anleger, nach Fisch riechenden Trockendarren und an den Dalben festgemachten Krabbenkuttern mit Baumkurren (Grundschleppnetzen) und im Wind hängendem Netzwerk ist für immer dahin. Heute sind die genannten Fischerei-Utensilien bestenfalls nur noch im Museum zu finden und zu bewundern. Nur der kleine Sielhafen mit den Sportbooten in Dangast vermittelt eine bunte Idylle.

Der kleine, landschaftlich reizvoll gelegene Sielhafen wird heute in erster Linie vom dort ansässigen Jade-Yacht-Club Dangast-Varel genutzt. Bunt gestrichene Freizeit- und Sportboote sowie das kleine Fahrgastschiff „Etta von Dangast" bestimmen das Bild am Sielbau und Pegelhaus. Bleibt zu erwähnen, daß der Leuchtturm Arngast im Jahre 1909 etwa dort errichtet wurde, wo früher die Inselgruppe mit dem Kirchspiel Arngast lag. Arngast gehörte im Mittelalter mit Varel, Dangast und Aldessen zum Gau Rüstringen (Upriustri). Die damaligen Sturmfluten, insbesondere die Marcellusflut von 1362, richteten an der dem heiligen Andreas geweihten Kirche schwere Schäden an. Das Gebäude hat 1428 noch bestanden, erst 1613 stürzte es den Chroniken zufolge in sich zusammen. Trümmerreste der Kirche waren 1661 noch im Watt zu finden. Die Johanniterkomturei Hoven im Kirchspiel Bordum besaß auf Arngast und Dangast Klostergüter, die sie 1443 unter den Schutz der Grafen von Oldenburg stellte. Die Antoni- und Eisflut des Jahres 1511 zerstörte die bis dahin bestehende Verbindung zwischen Arngast und Dangast. Seitdem war Arngast mit sechs Quadratkilometern die größte aller 45 Inseln im Jadebusen. Die ohne Deichschutz im Jadebusen liegende Insel wurde immer kleiner. Dennoch besaß 1613 der Pastor von Varel auf Arngast noch ein Vorwerk, von dem aus Landwirtschaft betrieben wurde. 1645 war die Insel nur noch zwei Quadratkilometer groß und wurde als Mäh- und Weideland genutzt. Gegen Mitte des 18. Jahrhunderts bewohnte ein Pächter die Insel und zahlte dafür zwölf Thaler Pachtgeld an die Oldenburger Grafen. 1873 war nur ein Süßwasserbrunnen auf der Insel erhalten geblieben, und vom einstigen Baumbestand fanden sich nur noch Baumstubben im Watt. Schließlich teilte sich der Inselrest durch das hin- und herströmende Wasser in zwei Inseln, die jetzt Klein- und Großarngast genannt wurden. Seit 1905 ist die Inselgruppe völlig verschwunden. Später sind an der Stelle, wo die Kirche stand, mehrere Steinsärge gefunden worden.

Der rotweiße Stahlturm Arngast steht auf 112 eingerammten Holzpfählen und Rohren mit einem Stahlgürtel und darauf abgesenkter Betonplatte. Der zwanzig Meter hohe Turm dient heute als Ansteuerung des Jadefahrwassers und des Vareler Fahrwassers. Mit einem Haupt- und Nebenfeuer ausgestattet, war das Seezeichen bis 1967 mit einem Leuchtturmwärter und zwei Gehilfen besetzt. Die Männer wurden alle 14 Tage durch eine „Crew“ abgelöst. Seit 1968 wird der Turm „automatisch befeuert“. Bei Ebbe ist das Seezeichen für Wattwanderer gut erreichbar, darf aber nicht erklettert und betreten werden.

Die Insel Arngast auf einer alten Karte – handkolorierter Kupferstich, herausgegeben von N. Tassin, 1633.

Der Arngaster Leuchtturm bei Dangast.

Die Friesische Wehde

Als Friesische Wehde wird heute noch eine Landschaft im südlichen Teil des Landkreises Friesland bezeichnet, zu der die Gemeinden Bockhorn und Zetel mit Neuenburg gehören. Das ursprüngliche Waldgebiet, das Wort Wehde steht für die Namensdeutung Wald, ist ein durch natürliche Grenzen bestimmtes Ansiedlungsgebiet. Die Niederungen des Zeteler Tiefs, die Woppenkamper Bäke und die Brunner Bäke sowie weitere, teilweise tidenabhängige Wasserläufe kennzeichnen auch jetzt noch das Areal in unmittelbarer Nähe des Jadebusens. Die in nordwestlicher Richtung verlaufenden Geestausläufer boten damals erste Siedlungsmöglichkeiten. Auf diesen natürlichen Erhebungen der Geest entstanden die Kirchspiele und Orte Bockhorn mit Steinhausen, Neuenburg und Schweinebrück sowie Zetel und Driefel.

Die Ortschaft und heutige Gemeinde Bockhorn ist erstmalig im Jahre 1220 als „Bockhorne" urkundlich erwähnt worden (Oldenburgische Chronik, Hamelmann, 1599; Deiche und Sturmfluten, Woebcken, 1924; Oldenburgische Geschichte, Rüthning, 1937). Abgeleitet ist die Benennung höchstwahrscheinlich aus dem Begriff „Bookeren-Horn".

Der alte Marktplatz von Bockhorn. Die Postkartenreproduktion zeigt im Hintergrund die Cosmas- und Damian-Kirche, die auf einer Wurt errichtet wurde. Rechts im Bild das „Beckersche Kaufmannshaus".

Eine baugeschichtliche Rarität in Bockhorn ist das alte „Beckersche Kaufmannshaus“ am Markt mit dem Sandsteinportal.

Nach freier Interpretation würde es soviel wie „Buchen-Ecke“ bedeuten. In den Gründungsjahren des Ortes dürfte auch die Cosmas- und Damian-Kirche als sogenannte Wehrkirche errichtet worden sein. Charakteristisch für die Friesenkirche ist der einzelstehende Glockenturm, der wahrscheinlich im 14. Jahrhundert entstand. Nachweislich ist die alte Gaukirche baulich mehrfach verändert worden. Konkret nachzuweisen sind solche Umbauten aus den Jahren 1344 und 1661. Die Kirche bildete über viele Jahrhunderte den Mittelpunkt des Dorfes.

Chroniken (Oldenburgische Chronik, Hamelmann, 1599; Deiche und Sturmfluten, Woebcken, 1924; Oldenburgische Geschichte, Rüthning, 1937) lassen wissen, daß die Geestansiedlung im Mittelalter zum Vareler Viertel des Gaues Rüstringen gehörte. Schon im 14. Jahrhundert war Bockhorn ein bedeutender Marktort an einer der drei sogenannten Friesischen Heerstraßen. Die uralten Handels- und Heereswege führten bereits in vorgeschichtlicher Zeit bis an die Nordsee. Verschiedene Fundplätze von Siedlungen und Grabhügeln sowie noch vorhandene Reste früherer Burgen und Befestigungen

Das „Beckersche Kaufmannshaus“ in Bockhorn mit der Speicherfront und dem Sandsteinportal.

zeugen ebenfalls von der damaligen Existenz der Straßenrouten. Bockhorn wurde von einer solchen Straße tangiert, die ihren Ursprung bei Delmenhorst und Wildeshausen hatte. Sie führte nachweislich an der Hansestadt Bremen vorbei nach Oldenburg über die Hunteniederung. Die dort liegende Burg (Omeresburg) galt als Kontrollpunkt für den Hunteübergang. Die Straße verlief weiter in nordwestlicher Richtung durch das Ammerland und die Friesische Wehde bis nach der damaligen Hafenstadt Jever.

Weil der Bockhorner Markt aus religiösen Gründen jeweils an Mariae Himmelfahrt abgehalten wurde, gewann der Markt weiter an Bedeutung. Viele auswärtige Händler und Kaufleute bemühten sich daher um Geleitbriefe, die kostenpflichtig von den Sendrichtern des Rüstringer Gaues ausgegeben wurden. Solche Dokumente aus den Jahren 1310, 1312 und 1314 sind sogar vom Oldenburger Grafenhaus bestätigt worden. Ein Beweis mehr, daß das Oldenburger Herrscherhaus bereits damals seinen politischen Einfluß auf den Marktort ausüben konnte.

Bekannt wurde der Wehdeort aber auch durch seinen schwunghaften Vieh- und Wollhandel, der eng mit der damals aufkommenden Küsten- und Seeschiffahrt verbunden war. Flachbodige Küstenschiffe wie Ewer und Tjalken, die über viele Schritte im Bockhorner Tief getreidelt werden mußten, machten den Anfang.

Obwohl die Marcellusflut des Jahres 1362 die Küstenschiffahrt durch Verwüstungen und Zerstörungen erheblich beeinträchtigte, konnte sich der „kleine Seehandel weiter förderlich“ entwickeln. Beispielgebend ist dafür ein Bockhorner Reeder, dem 47 Schiffe gehörten.

In der Folgezeit hatte der Marktort mit seinen Bürgern unter den Folgen des Dreißigjährigen Krieges und danach unter vielen Fremdherrschaften zu leiden. Als in Bockhorn aber weitere Lehmvorkommen (Klink) entdeckt wurden, erteilte der damalige Regent und Dänenkönig Christian VI. im Jahre 1743 zwei Bockhorner Landwirten die Konzession zum Betreiben einer Ziegelbrennerei. In den folgenden Jahrhunderten entstanden weitere Ziegeleien in Bockhorn und anderen Orten der Friesischen Wehde. Schon um 1900 sind 18 Betriebe gezählt worden. Eben diese Ziegeleien schlossen sich 1908 in einem Gesellschaftsvertrag zusammen; die „Vereinigten Oldenburger Klinkerwerke“ mit Sitz in Bockhorn waren gegründet. Damit wurde aus einer Kooperation mittelständischer Unternehmen – es gab damals kleine, als Nebenerwerbsbetrieb geführte Ziegeleien – eine moderne und damit zeitgemäße Organisation. Noch heute zeugen bedeutende Bauwerke von der Qualität der „Bockhorner Klinker“. Anschauungsobjekte sind beispielsweise das „Chile-Haus“ in Hamburg, das „Anzeiger-Hochhaus“ in Hannover, das „Marine-Ehrenmal“ in Kiel-Laboe und das „Rüstringer Rathaus“ Wilhelmshaven. Mit zur Zeit sechs Werken, dort sind 160 Mitarbeiter beschäftigt, produzieren neun Tunnelöfen jährlich 60 Millionen Klinker für den Hoch- und Tiefbau. Dabei schlug der jüngste Jahresumsatz der Klinkerwerke mit rund 54 Millionen Deutsche Mark zu Buche.

Hinsichtlich der „Bockhorner Schiffahrt“ ist nachzutragen, daß über die damalige Brunner-Bäke kleinere Boote und Schiffe den Marktort erreichen konnten. Die eigentliche Küsten- und Seeschiffahrt für Bockhorn aber ging von Steinhausen beziehungsweise Steinhausersiel aus.

Aus dem ehemaligen „Steenhus von Bockhorne“ (1461) entstand die Bezeichnung für den Ort Steinhausen. Nach der verheerenden Antoni- und Eisflut vom 17. Januar 1511 reichten die Fluten des „Schwarzen Brack“ bis zum Dorfeingang. Hier konnte sich wenig später auch ein kleiner Hafenbetrieb entwickeln. Die Schiffe aus Steinhausen sollen sogar im Mittelmeer Wimpel und Flagge gezeigt haben. Durch die Weihnachtsflut des Jahres 1717 ist die Sielanlage (Steenhuser Syhl) völlig zerstört worden. Erst Jahre später konnte von hier aus wieder die Schiffahrt betrieben werden. Jahrhunderte später, nach mehrfachen Instandsetzungen und Reparaturen, wurde der Siel 1924 durch den Petershörner Siel ersetzt. Zwangsläufig war mit dem Bau des Tunnelsieles zwischen Dangast und Steinhausen auch die bis dahin noch mögliche Wattenschiffahrt zu Ende gegangen.

Die damals an der Friesischen Heerstraße gelegene Burg Conneforde war als Befestigungsanlage für die Interessen der Oldenburger Grafen errichtet worden. Darüber hinaus war Conneforde bis in das 15. Jahrhundert für die Kirchspiele Marx, Wiesede, Etzel, Horsten und Zetel amtliche Abgabestelle. Der Tribut ging an den Grafen von Oldenburg, denn er hatte 1434 die Friedeburg mit den genannten Ortschaften seiner Regentschaft un-

Merianstich Neuenburg

Die Neue-Burg, sie wurde als Befestigungsanlage für die aufgegebene Burg Conneforde errichtet, sollte die Friesische Wehde vor Übergriffen der Ostfriesen schützen. 1462 gebaut, später von Ostfriesen zerstört, wurde die Zitadelle von Graf Johann von Oldenburg bis 1582 weiter aus- und umgebaut. Reproduktion nach einem Merian-Stich.

terworfen. Weil aber die Friesische Wehde hinsichtlich ihrer Zugehörigkeit ein ständiger Zankapfel zwischen den Oldenburger Grafen, den ostfriesischen Grafen und den jeverschen Häuptlingen blieb, ließ Graf Gerd von Oldenburg nach Aufgabe der Conneforder Burg zur Sicherung der Wehde am Zeteler Tief im Jahre 1462 den Grundstein für die „neue Burg" legen. Daraus entwickelte sich später das Kirchspiel Neuenburg. Dabei soll er den Chroniken nach gesagt haben: *„Dat de Fresen de Bammel slahe!"* Ungeachtet dieser Drohung zerstörten die Friesen bereits kurze Zeit später die im Bau befindliche Befestigung. Doch die Oldenburger Grafen bauten trotz der immer wieder vorkommenden Fehden weiter, dabei wurde die Burg 1465 und 1466 wesentlich verstärkt. Graf Johann von Oldenburg ließ die Festung weiter ausbauen. Jahre später ist die Burg dann zu einem repräsentativen Schloßgebäude durch die Oldenburger Grafen Johann und Anton Günther umgebaut worden. Zuvor war zwischen Oldenburg und Ostfriesland ein Friedensvertrag zustandegekommen.

Nach der Grundsteinlegung für die Burg siedelten sich schon im 15. Jahrhundert die ersten Häuslinge, Handwerker, Händler und Kaufleute in der Nähe der Befestigungsanlage an. Mehr oder weniger profitierten alle von der Grafenburg. Dabei war es kein Wunder, daß sich aufgrund der gräflichen Qualitätsanforderungen zwangsläufig die Spreu vom Weizen trennte. Deshalb setzte sich mehr und mehr das Kunsthandwerk durch. Bauern und Häuslinge durften damals ihr Vieh zur Äsung in den Wald treiben, weil das ganze Neuenburger Holz als sogenannter Hudewald (Hütewald) von der gräflichen Verwaltung deklariert worden war. Selbst Landwirte aus den benachbarten Ortschaften nahmen für sich und ihr Vieh das Weiderecht in Anspruch. Weil diese Regelung in der Zukunft kaum noch vertretbar erschien, die Verbißschäden durch das Weidevieh waren unübersehbar geworden, nahmen die Oldenburger Grafen das ehemals geltende Weiderecht Zug um Zug zurück. Schließlich ist es endgültig untersagt worden. Aus dem ursprünglichen Hütewald im Neuenburger Holz enstand dann später das mit rund 640 Hektar vermessene Naturschutzgebiet „Neuenburger Urwald".

Die zwischen Neuenburg und Zetel liegende Ortschaft Schweinebrück ist im Friedensvertrag zwischen Graf Gerd von Oldenburg und Graf Enno von Ostfriesland im Jahre 1486 als Snehovede benannt worden. Die Bauernschaft ist aber weitaus älter, denn vorgeschichtliche Funde lassen die Schlußfolgerung zu, daß die Region bereits während der jüngeren Steinzeit durch Menschen besiedelt worden ist.

Mit der Erbauung der St.-Martins-Kirche in Zetel, die friesische Wehrkirche wurde in der Zeit um 1200 aus Granitsteinquadern errichtet, setzten die Siedler im frühen Mittelalter ein weiteres sichtbares Zeichen der Christianisierung in der norddeutschen Tiefebene. Auch dieses Gotteshaus mit dem einzelstehenden Glockenturm aus dem 13. Jahrhundert ist auf einer Wurt (Erdhügel) errichtet worden. Diese Erhebungen an Kirchen dienten nicht immer dem Sturmflutschutz, sondern waren nach mittelalterlichen Rechtsquellen für andere Nutzungen errichtet worden. Die Kirchhügel galten als Kult- und Gerichtsplätze, im hohen Mittelalter dann auch als Beisetzungsstellen für Verstorbene. Bekannt wurden solche zentralen Begräbnisorte später als Kirch- oder Friedhöfe.

Der Name „Sethle“ ist erstmals in einer Papsturkunde aus dem Jahre 1423 (Oldenburgische Chronik, Hamelmann, 1599; Oldenburgische Geschichte, Rüthning, 1937) erwähnt worden. Bei dem genannten Begriff dürfte es sich um das altfriesische Wort „sedel“ handeln, welches mit „siedeln“ gleichzusetzen ist. Es steht auch für Stätte, Sitz und Siedlung. Ursprünglich waren für Zetel friesische Häuptlinge als Regenten zuständig, doch der politische Einfluß der Oldenburger Grafen war auch hier deutlich erkennbar. Den Chroniken nach soll der Häuptling Sibet von Rüstringen bereits 1428 seine Rechte an der Friesischen Wehde dem Oldenburger Grafen Dietrich gegenüber abgetreten haben. 1436 erfolgte dann die völlige Unterwerfung gegenüber dem Oldenburger Grafenhaus. Selbst das Gericht sowie das Recht auf Renten und Brüche gehörten nun ebenfalls dem Oldenburger Grafen. Weil als Abgabestelle für das Kirchspiel Zetel die Burg Conneforde zuständig war, durften die Einwohner dort ihren Tribut zollen. Wer einen Pflug besaß, mußte am Michaelistag eine Tonne Roggen und eine Tonne Hafer abliefern. Häuslinge mit einer kleineren Landstelle brauchten nur die Hälfte der genannten Getreidemengen anzuliefern. Handwerker, Händler und Fischer waren ebenfalls zur Abgabe von Naturalien und Geld verpflichtet. Weiter konnte eine alleinstehende Witwe ohne weiteren Anhang durch die Abgabe von vier Grote Schutzgeld Anspruch auf Hilfe und Schutz erwerben.

Hinsichtlich der geographischen Lage gehörte das Kirchspiel Zetel wie die übrigen Siedlungen der Friesischen Wehde zum Bovenjadinger Teil des Rüstringer Gaues, später dann zum Banter Viertel oder Landesviertel Bant. Nach dem Wassereinbruch des

Die dem Heiligen St. Martin geweihte Kirche in Zetel ist im 12. Jahrhundert auf einer Wurt errichtet worden. Der einzelstehende Glockenturm ist nach Angaben von Historikern Mitte des 13. Jahrhunderts entstanden.

Nachts wird die Zeteler Kirche angestrahlt – Blick von der Straße aus auf den alten Friedhof und den Kirchturm.

Schwarzen Bracks durch die Marcellusflut des Jahres 1362 spaltete sich die Friesische Wehde vom Banter Viertel praktisch ab. Weil aber der Ort im 1420 zusammengestellten Bremer Archidiakonatsregister des Erzstiftes Bremen nicht eingetragen war, machten ostfriesische Grafen ihre Ansprüche an dem Kirchspiel Zetel geltend. Vielleicht haben diese Forderungen den friesischen Häuptling Sibet von Rüstringen bewogen, seine Rechte an Zetel abzutreten. Sibet Papinga schien an einer kriegerischen Auseinandersetzung nicht interessiert zu sein. Wie dem auch sei, die mündlich geltend gemachten Ansprüche verschiedener Regenten sollen letztendlich zum Krieg zwischen Oldenburg und Ostfriesland geführt haben. Als die Oldenburger 1483 bei Lengen und Uplengen in Ostfriesland einfielen, geriet Alf, der Sohn des Grafen Gerd, in ostfriesische Gefangenschaft. Er wurde in der Berumer Burg festgehalten. Damit hielten die Ostfriesen ein Faustpfand in den Händen, mit dem das Oldenburger Herrscherhaus zu erpressen war. Als unmittelbare Folge davon verpfändete der Oldenburger Graf die Ansiedlungen Zetel, Schweinebrück und Driefel. Zusätzlich mußten 3.500 Gulden Lösegeld und 200 Gulden Weinkauf (Pachtwechselabgaben, vergleichbar mit der heutigen Grunderwerbsteuer) gezahlt werden. Als alle Dinge zur Zufriedenheit der Ostfriesen erledigt waren, wurde der Grafensohn Alf 1486 aus der Haft entlassen und an der friesisch-ostfriesischen Grenze wohlbehalten den Oldenburger Gefolgsleuten übergeben.

Schließlich beendete der sogenannte Zeteler Frieden die Fehden im Lande. Herzog Heinrich und Graf Johann von Oldenburg sowie Graf Edzard von Ostfriesland unterzeichneten im Jahre 1517 einen für alle Beteiligten verbindlichen Friedensvertrag. Bereits ein Jahr später wurden die Orte Zetel, Schweinebrück und Driefel von Ostfriesland gegen die Zahlung einer hohen Pfandsumme an Oldenburg zurückgegeben. Das Oldenburger Grafenhaus übernahm mit vollen Rechten erneut die Regentschaft über die Friesische Wehde.

Durch planvolle Eindeichungen sind seit dem 16. Jahrhundert viele Wattengebiete, teilweise zum Schwarzen Brack gehörend, durch Deiche wieder mit dem Festland verbunden worden. Dabei entstanden im Deich von 1578 bei Driefel an den Sielkuhlen der alte Zeteler Siel und im 1597 fertiggestellten Deichteilstück des Ellenser Dammes der neue Zeteler Siel, der bis zum Bau des Petershörner Sieles 1925 funktionstüchtig für die Entwässerung des Hinterlandes sorgte. Kostenträchtige Reparaturen und weitere Eindeichungen hatten letztendlich den Steinsielbau in Petershörn notwendig gemacht. Die Fortsetzung des Deichausbaus im Gebiet des damaligen Schwarzen Bracks führte

Das abgebildete Zeteler Bürgerhaus ist 1787 errichtet worden. Es vereinigt alle Baustilelemente seiner Zeit zu einer harmonischen Einheit. Die Sandsteintafeln tragen gottbezogene Inschriften.

schließlich dazu, daß das Kirchspiel Zetel beträchtliche Marschengebiete hinzugewinnen konnte.

Um 1760 entstand in Zetel und dem benachbarten Bockhorn das aus der menschlichen Not geborene Handwerk der Leinenweberei. Der dazu notwendige Flachsanbau auf den Marsch- und Geestgebieten der Region ist von sogenannten Heuerleuten (Landpächtern) und Häuslingen ausgegangen. Häuslinge waren in der Regel kleinere Einhausbesitzer, die meistens ihren Lebensunterhalt als Tagelöhner in der Landwirtschaft oder beim Deichbau verdienen mußten.

Nach der Flachsernte wurde das Erntegut im moorigen Wasser einem Beiz- und Ablöseprozeß, dem sogenannten Rösten, ausgesetzt. Dabei lösten sich die Fasern vom groben Flachsstroh. Oft in mühsamer Heimarbeit hergestellt, gelangte dann das Flachswerg über Händler auf die Märkte. Das Gespinst ist außerdem von fliegenden Garn- und Tuchhändlern aufgekauft worden, die es wiederum zur weiteren Bearbeitung an Heimarbeiter weitergaben. Schließlich wurde aus dem Werg auf Webstühlen grobes Leinengewebe in einfacher Struktur, welches bald darauf – nach Verfeinerung der Herstellungstechniken – als „Zeteler Leinen“ in dem Gebiet der Friesischen Wehde und darüber hinaus bekannt und begehrt wurde. Kaufleute und Händler sorgten dafür, daß das Leinengewebe bis nach Holland und Belgien gelangte. Weil der florierende Garnhandel in Zetel durch fliegende Händler und Hausierer immer noch eine gute Einnahmequelle darstellte, befaßten sich schon im 17. Jahrhundert junge Unternehmer mit der Produktion von Garnen und Leinen. Dadurch entstanden zwangsläufig industrielle Produktionsanlagen mit neuen Webstühlen und Fertigungstechniken. Weil hier der Arbeitskräftebedarf an Weberstellen ständig zunahm, ging im gleichen Zeitraum das bisher selbständige Weberhandwerk durch die Abwanderungen in die Industrie fast gänzlich zurück. Aus den ehemals eigenständigen Handwerkern und Heimarbeitern wurden lohnabhängige Industriearbeiter mit der Berufsbezeichnung Weber. Teilweise waren die Arbeiter gegenüber dem Fabrikbesitzer verpflichtet, den erhaltenen Lohn für den Wareneinkauf aus dem gleichen Betrieb zu verwenden – eine Tatsache, die schon damals zu vielen Unruhen in den Produktionsstätten führte. Statistiken aus jener Zeit belegen, daß 1835 in Zetel 262 Weber und 1855 bereits 420 Weber in lohnabhängigen Arbeitsverhältnissen standen. Der größte Weber, auch Reeder oder Rüster genannt, verfügte 1836 über mehr als 80 Webstühle für die Produktion von Leinengeweben.

Wenige Jahre später leitete die europaweit eingeführte Baumwolle eine entscheidende Produktionsumstellung in der Webindustrie ein, die für die meisten Webereibetriebe den Ruin bedeutete. Die auf dem Weltmarkt wesentlich billigere Baumwolle setzte sich mehr und mehr durch. Die ersten Baumwollwebereien in Zetel nahmen ihre Produktion auf. Zwar wurde trotz der Industrie noch vieles in Heimarbeit erledigt, doch die fortschreitende Industrialisierung mit der maschinellen Fertigung ließ sich auf Dauer nicht aufhalten. Die Hauswebereien gaben schließlich auf, denn 1871 hatten schon drei mechanische Baumwollwebereien den größten Produktionsanteil der Zeteler Gesamterzeugnisse übernommen. „Dat Zeteler Tüch“, so der plattdeutsche Ausdruck, brachte dem Wehdeort Zetel einen „gesunden wirtschaftlichen Aufschwung“, der bis in die sechziger Jahre des 20. Jahrhunderts anhalten sollte. Bis dahin produzierten zwei Baumwollwebereien und Tuchfärbereien weiter.

Weitere Einnahmemöglichkeiten für die erwähnten Heuerleute und Häuslinge war die Herstellung von Ziegelsteinen aus Lehm oder Ton. Die „Tiggelburen“ (Ziegelbauern) der damaligen Zeit brannten die Steine im offenen Feldbrandverfahren wie im benachbarten Bockhorn auch. Zwei Dampfziegeleien erzeugten damals bereits hartgebrannte Ziegelsteine, die im sogenannten Ringofenbrand-Verfahren hergestellt wurden.

In der „Statistischen Beschreibung der Gemeinden des Herzogthums Oldenburg“ (Kollmann, 1897) ist nachzulesen, daß Zetel zu der Zeit zwei mechanische Baumwollwebereien mit 126 Webstühlen und 120 Arbeitern besaß. Es gab ferner zwei Dampfziegeleien sowie eine Handziegelei mit insgesamt 54 Arbeitern und sechs kleinere Bierbrauereien für die Produktion von einfachem Bier, das nur in der Region bekannt war.

Als vom Bahnhof Varel, die Eisenbahnlinie Oldenburg–Heppens (später Wilhelmshaven) ist 1867 fertiggestellt worden, wenig später erste Nebenbahnen entstanden, erhielt Zetel auch einen Gleisanschluß. Die Bahnverbindung sollte sich positiv auf die Gesamtentwicklung des Wehdeortes auswirken. Davon profitierten in erster Linie die Ziegeleien der Friesischen Wehde. Der eingleisige Schienenstrang verlief von Varel über Langendamm, Borgstede, Seghorn, Kranenkamp, Bockhorn, Zetel, Schweinebrück bis nach Neuenburg.

Nach der oldenburgischen Verwaltungsreform im Jahre 1933 bildeten die drei Gemeinden Zetel, Bockhorn und Neuenburg die Großgemeinde Friesische Wehde. Diese wurde 1948 wieder aufgelöst, und durch eine weitere Gebiets- und Verwaltungsreform im Jahre 1972 ist die Gemeinde Neuenburg der Gemeinde Zetel zugeschlagen worden.

Bleibt noch erwähnenswert, daß sich die Ortschaft Driefel aus einer alten Siedlung südlich des Schwarzen Bracks entwickelt hat. Auf dem sogenannten Driefeler Esch, Flurstücke zwischen Zetel und Driefel, konnte Dr. Marschalleck aus Jever mit seinen Mitarbeitern in den Jahren 1960 bis 1964 ein großes frühgeschichtliches Gräberfeld aus spätheidnischer und frühchristlicher Zeit freilegen. Bei diesen Grabungen wurden über 700 Gräber aus der Zeit vom 7. bis 10. Jahrhundert n. Chr. eingehend erforscht. Gefunden haben die Fachleute verschiedene Brandgruben- und Brandschüttungsgräber sowie viele Körpergräber. Die Toten waren meistens in einfachen Kastensärgen, gelegentlich auch in ausgehöhlten Baumstämmen beigesetzt worden. Ihre Körper waren sowohl nordsüdlich als auch nordwestlich ausgerichtet. In den Männergruften fanden sich als Beigaben Lanzenspitzen, Schwerter, Sporen und Lanzenschuhe. In Frauengräbern waren eiserne Hakenschüsseln, bronzene Nadelröhrchen, Perlen aus Glas und Emaille, Halbedelsteine, Bernsteine und Silberschmuck zu finden.

Nachdruck verboten. Irrtümer vorbehalten.
Südwendung
Horsten
Osterhörn
Deich
Oberstoppelgroden
Rosental
Ellenser Damm
Ellens
Zeteler
Anschlußstelle Zetel
Blauhand
Helmte
Zetelermarsch
Klein-horsten
Marsch
Hiddels
Mini-museum
Hohemoor
Bohlen-berge
Zetel
Osterende
Driefel
Freibad
Schulmuseum Bohlenberge
Bohlenberger Feld
Süpkenhörn
Pohl
Alte Burg/ Naturfreundehaus
Im Knick
Steinhausen
Schweinebrücker Feld
Schweinebrück
Klein Schweinebrück
Woppenkamp
Fuhrenkamp
Friesische
Kranen-kamp
Urwald
Naturschutz-gebiet
Bockhorn
Ruttel
Rutteler Mühle
Staatsforst
Astede
Seghorn
Rutteler feld
Neuenburg
Neuen-burg
Hilgenholt
Friedrichs-feld
Kreyenbrok
Osterforde
Collstede
Pflege- und Seniorenheim Osterforde
Neuenburger-feld
Standort-übungsplatz Birkenfeld
Hohe Burg (Burgwall)
Grabstede
Klosterhof Lindern
Uhlenhof
Grabhorner Busch
Wehde
Astederfeld
Klosterhof Grabhorn
Grabstederfeld
Tivoli
Baasenmeers
Moor
Bockhorner-feld
Landwehr
Brede-horn
Grünenkamp
Bockhorner
Naturschutzgebiet
Moor
Hoheliet
Klosterhof Bredehorn
Speedway-bahn
Maßstab 1 : 65 500
Varel Tel.: 0 44 51/8 40 08

Aus der Vareler Geschichte:

Das Zeitalter der Häuptlinge

Das damalige Siedlungsgebiet um die spätere Ansiedlung Varel war ursprünglich in geographischer und historischer Hinsicht mit Rüstringen eng verbunden. Nur der natürliche Meeresspiegelanstieg und mehrere Sturmfluten beschleunigten die räumliche Abtrennung von Rüstringen und bewirkten ebenfalls die Veränderung des damaligen Landschaftsbildes. Die Marcellusflut von 1362 zerstörte jegliche Verbindung zwischen Varel und Rüstringen.

Varel und seine Umgebung liegen teilweise auf einem breiten Geestrücken, der sich bis in die Marsch erstreckt und damit in nordöstlicher Richtung verläuft. Diese Stellen – im Eiszeitalter abgelagerter Boden bestehend aus Sand, Kies, Lehm und Ton – waren ideale Siedlungspunkte, zumal hier wegen der günstigen Bodenstruktur Ackerbau und Viehzucht betrieben werden konnte. Hinzu kommen als weitere Faktoren für die Ansiedlung von Menschen die Ausübung der Schiffahrt und des Fischfangs. Von außen kommende Feinde waren kaum zu fürchten, da das umliegende Gebiet der Ansiedlungen durch Moore, Sümpfe und Wasser kaum passierbar war. Im Süden die Wapelniederung mit ihren Sümpfen, im Westen und im Osten große Moore und die Weser und im Norden die große Nordsee gaben dem damaligen geographischen Bild das Gepräge.

Erstmalig wurde Varel in einer Urkunde aus dem Jahre 1124 erwähnt (Oldenburgische Chronik, Hamelmann, 1599; Oldenburgische Papsturkunden, Reimers, Oldenburg, 1892). In dieser Schenkungsurkunde wird der Hof „Farle" an das Kloster Rastede abgetreten. Ein von den Billungern abhängiger Graf mit Namen Huno zeichnet für diese Urkunde verantwortlich, die von Papst Calixtus II. ausgestellt und gesiegelt wurde. Als Zeitangaben dienen die jahreszeitlichen Merkmale 1119 bis 1124. Danach kann das Dokument als Gründungsbestätigung für Varel gelten, denn der Untergraf Huno ist bereits viel früher, nämlich im Jahre 1091, gestorben. Nach dem Aussterben des Billunger-Geschlechtes konnte der Sohn des Untergrafen Huno die uneingeschränkten Grafenrechte und -pflichten übernehmen. Die 1144 gestiftete und 1150 fertiggestellte Kirche zu Varel gehörte mit Blexen, Langwarden und dem später untergegangenen Aldessen zu den vier Sendkirchen des Gaues Rüstringen. Später übernahmen Grafen aus Sachsen und Oldenburg die vollkommenen Hoheitsrechte. Geschichtliche Chroniken (Oldenburgische Chronik, Hamelmann, 1599; Oldenburgische Geschichte, Rüthning, 1937) beweisen, daß sie um 1277 über Östringen, Wangerland, Auricherland, Würden und Altenesch herrschten.

Zum Kloster Rastede gehörten mehrere Höfe, die die Schlußfolgerung erlauben, daß auch in Varel alte Grafenrechte verankert waren. Die auf der Basis des Rüstringer Sendrechtes erbaute Gaukirche – sie stand auf dem gleichen Platz wie die heutige Schloßkirche – diente den Herrschaften nunmehr als „Gerichtshof". Verhandelt und abgeurteilt wurden hier unter anderem *„Schädigungen der Kirche, ungezahlte Zehnten, Verletzungen ehrbarer Witwen, Waisen und Pilger, Friedensbrüche an Sonn- und Feiertagen sowie sonstige Verbrechen"*.

Von kunst- und baugeschichtlicher Bedeutung ist die um 1200 erbaute Vareler Schloßkirche, die im Laufe der Jahrhunderte aus- und umgebaut wurde. Ältester Teil ist das aus Findlingen erbaute Längsschiff. Ludwig Münstermann fertigte 1614 unter Verwendung von Eichenholz und Alabaster den Altar, der an Größe alle Altäre im oldenburgisch-ostfriesischen Küstengebiet übertrifft.

Links und rechts sind die Kirchturmspitzen der Vareler Schloßkirche mit ihren kunstvollen Wetterfahnen abgebildet.

Das im 13. Jahrhundert aufkommende Häuptlingswesen nahm den Oldenburger Grafen schließlich alle Rechte, dennoch versuchte ein Erzbischof von Bremen immer noch, sich die Bevölkerung untertan zu machen. Dieses mag auch vielleicht die Ursache dafür sein, daß die Vareler Häuptlinge Jlies und Wymer im Jahr 1386 die feste Kirche dem Grafen

Cord von Oldenburg übergaben. Möglicherweise hat hier der Einfluß der Kirche in Gestalt des bremischen Bischofs schon eine Rolle gespielt. Die Selbständigkeit der Häuptlinge blieb jedoch gewahrt. Bereits im 14. Jahrhundert waren sich die Häuptlinge ihrer Macht bewußt und wußten sie entsprechend zu nutzen. Häuptlinge waren in der Regel erfahrene Eingesessene, die in selbstgebauten Steinhäusern lebten und dort ihren Stammesbrüdern jede erdenkliche Hilfe und auch Schutz gewährten. Mehr und mehr wurden die großen Steinhäuser befestigt und zu regelrechten Zufluchtsstätten ausgebaut. Bereitwillig unterstellten sich die Friesen den Häuptlingen der jeweiligen Ortschaft. Die männlichen Untertanen hatten Wehrdienst zu leisten und waren wie alle dem Gemeinwohl verpflichtet, sie betrieben Ackerbau und Viehzucht für die Gemeinschaft.

Aber die Macht der Häuptlinge hatte auch ihre Grenzen. Ohne Einwilligung des Volkes war keine Fehde zu beginnen oder zu beenden. Das Volksrecht oder auch Friesenrecht mutet heute wie ein Vorläufer der Demokratie an, seine Vorteile sind der Bevölkerung schnell klar geworden. Dadurch blieben die Häuptlinge in letzter Konsequenz vom Volk abhängig.

Aber die geschichtliche Entwicklung ließ sich nicht aufhalten. Blieben die Häuptlinge gegenüber dem Oldenburger Grafen stets wachsam und mißtrauisch, so wurde ihre Machterhaltung durch die Schwächung Rüstringens immer schwieriger. Die Verbindung mit Bovenjadingen war bereits durch die Marcellusflut dahin. Der innere Zusammenhalt der Vareler Häuptlinge zerbrach langsam. Varel geriet mehr und mehr in die politischen Machenschaften der Oldenburger Grafen und verzichtete auf angestammte Rechte. Die Häuptlinge traten die „Rechte auf Renten und Brüche“ ab. Die Kirchspiele Jade, Zetel und Bockhorn – letztere hatten als sogenannte Friesische Wehde einen guten Namen – gerieten auch in oldenburgische Abhängigkeit. Die völlige Unterwerfung der Häuptlinge gegenüber dem Grafen Moritz III. dokumentiert nur allzu deutlich die fortschreitende Abhängigkeit der Friesen von den Oldenburgern. Nunmehr garantierten die Burgen Conneforde und Frijade die sichere Wegstreckenführung zum südlichen Oldenburg für Gespanne, Fuhrwerke und Reiterkolonnen.

Unerbittlich verfolgte Oldenburg weiterhin seine Anspruchsrechte auf Varel. Sibet von Papinga zu Jever mußte seine Ansprüche auf Varel zurückstellen. Als Grund wird die Patenschaft des Statthalters zu Moritz, dem Sohn des Grafen, angegeben. Oldenburg verstand es ausgezeichnet, selbst freund- und verwandtschaftliche Beziehungen und Verbindungen rigoros für seine Ziele und Zwecke auszunutzen. Selbst Häuptling Hayo, einer der letzten Häuptlinge von Varel, bekundete sogar öffentlich seine Abhängigkeit vom Oldenburger Herrscherhaus. Die Regenten schränkten seine Entscheidungsfreiheit stark ein. Hayo durfte keinem mehr Asyl gewähren. Ferner mußte er geloben, keine Fehden oder Feindseligkeiten gegen Oldenburg zu unternehmen. Graf Dietrich sagte ihm seinerseits Schutz und Hilfe zu.

Ulrich von Gretsyl, der von Kaiser Friedrich III. zum Reichsgrafen über Ostfriesland erhoben wurde, versuchte nun seinerseits die Herrschaft über Varel zu erhalten. Graf Gerhard von Oldenburg verstand es jedoch immer wieder, seine Besitztümer zu behaupten.

Ulrich von Gretsyl wurde nunmehr vom Kaiser mit Jever und Butjadingerland und der Friesischen Wehde belehnt, in der auch die Herrlichkeit Varel lag. Es kam zum offenen Kampf. Tanno Duren und Graf Gerd verbündeten sich und stellten sich den Friesen bei Nenndorf und Mansing im Ammerland. Die Friesen wurden geschlagen, die Ära der Häuptlinge ging endgültig zu Ende. Damit wandelte sich die seit 1386 bestehende Schutzherrschaft der Oldenburger Grafen zur vollständigen politischen Herrschaft über Varel.

Oldenburger Grafen herrschten über Varel

Söldner aus Bremen überfielen im Jahr 1407 den Ort Varel und brannten viele Häuser nieder. Nach der Überlieferung ist dabei auch eine alte Festungsanlage, das sogenannte „Steenern Hus“, fast völlig zerstört worden. Der Grund: Vareler Einwohner hatten mit den Seeräubern gemeinsame Sache gemacht und damit den Rachefeldzug der Bremer heraufbeschworen. Graf Gerd von Oldenburg wußte das Piratentum geschickt zu fördern. Er duldete es und profitierte mehr als ausgiebig von den Beutezügen der Seeräuber. Einige Jahre später, um 1436, wurde Varel erneut von Brandstiftern heimgesucht. Der Kampf der Hanseaten gegen die Vitalienbrüder forderte gewaltige Opfer. Als Ursache für die erneute Zerstörung von Varel wird heute die damalige Fehde zwischen den Grafen Moritz und Gerd von Oldenburg angegeben. Graf Moritz ist später auf Gut Holzkamp an der Pest gestorben. Nunmehr resignierte auch der letzte, vom Oldenburger Grafen abhängige Vareler Häuptling Hayo. Er verkaufte dem Grafen Gerd 1465 die Ansiedlung Varel. Hayo selbst behielt in weiser Voraussicht mehrere Güter für sich zurück, die später auch noch sein Sohn Memecke benutzte. Jahre später fielen dann diese Güter an den Grafen. Memecke durfte seinen Lebensabend auf dem Besitz des Oldenburger Grafen verleben. Häuptling Hayo ist im Kampf gefallen.

Die Kirche zu Varel wurde 1481 weiter ausgebaut und eingewölbt. Das Schloß wurde 1506 endgültig fertiggestellt. Zur gleichen Zeit wütete in Oldenburg die Pest, dennoch ließ Johann V. von Oldenburg das Haus Varel erneuern. Er bewohnte es bis 1522. Ein halbes Jahrhundert später, im Jahre 1569, wurde Varel von einem großen Schadenfeuer betroffen. Nach dem verheerenden Feuer zählte man den Verlust von über 80 Häusern. Wie ein Wunder blieben Kirche und Schloß vom Brand verschont. Zehn Jahre später grassierte die Pest in Varel und hielt reiche Ernte. 247 Menschen starben an der Seuche. Während Varel zur Delmenhorster Linie des Oldenburger Grafenhauses gehörte (1577–1647), ließ Anton II. von Delmenhorst durch den Hamburger Bildhauer Ludwig Münstermann zwischen 1613 und 1618 die Vareler Schloßkirche mit Schnitzaltar aus Eichenholz und Alabaster „herrlich ausstatten“. Kanzel und Taufstein wurden ebenfalls von Ludwig Münstermann geschaffen.

1651 übernahm der uneheliche Sohn des Grafen Anton Günther von Oldenburg die Herrschaft über die Herrlichkeit Varel. Anton von Aldenburg stammte aus einer Verbindung des Grafen Anton Günther von Oldenburg mit der Freiherrin Elisabeth von Ungnad.

Von Ludwig Münstermann angefertigter Taufstein, der von Graf Anton II. von Delmenhorst – zusammen mit der Kanzel und dem Altar – gestiftet wurde. Das mehrfach restaurierte Prunkstück der Kircheneinrichtung ist 1618 fertiggestellt worden und ist mit Figuren und Ornamenten aus Alabaster geschmückt.

1663 erhielt Graf Anton I. von seinem Vater die reichsunmittelbare Herrlichkeit Kniphausen, die Vogtei Jade und einige Vorwerke. In seinem Testament bedachte er seinen Sohn noch mit einem Drittel der Einnahmen aus dem Weserzoll. Zur Erhebung des Weserzolls war es gekommen, als Graf Anton Günther von Oldenburg für die Erhaltung der Schiffbarkeit der Flüsse Hunte, Weser und Jade erhebliche finanzielle Aufwendungen tätigen mußte. Küstenschutz und Fahrwassersicherung kosteten ebenfalls viel Geld. Daher hielt eine kaiserliche Kommission nach der Besichtigung der genannten Flüsse die Erhebung des Weserzolls zur Deckung der gräflichen Kosten für angemessen. 1619 wurde die Zolleinführung genehmigt, und 1632 erhielt Graf Anton Günther den Weserzoll als freies Erblehen durch kaiserliches Zolldiplom. Bremische Kaufleute und niederländische Händler sowie die Bewohner der Wesermarsch, die ihre landwirtschaftlichen Produkte auf der Weser nach Bremen brachten, waren über die Einführung des Weserzolls wenig erfreut und setzten der Zollerhebung bewaffneten Widerstand entgegen. Aber das Zolldiplom behielt seine Gültigkeit und wurde schließlich 1648 im Westfälischen Frieden international bestätigt. Da die Bremer sich nach wie vor der Zollerhebung widersetzten, wurde im Oktober des Jahres 1652 über Bremen die „Reichsacht" verhängt. Erst der Reichshofrat zu Regensburg konnte ein Jahr später die „unwillkommene Reichsacht" über die Hanseaten wieder aufheben. Unter der Hand hatte man dem Reichshofrat die Botschaft übermitteln lassen, daß nunmehr die „Freie Reichsstadt" den verlangten Weserzoll zahlen wolle. Die Abgaben für den Weserzoll wurden ab 1624 in Elsfleth erhoben. Anfänglich wurden jährlich 17.000 Reichsthaler eingenommen, um 1700 waren es bereits 50.000 und um 1800 sogar 130.000 Reichsthaler. Als Oldenburg auf den Weserzoll verzichtete, erhielt es im Jahre 1803 die Ämter Vechta, Cloppenburg und Wildeshausen als Gegenleistung.

Kurz nach dem Tode des Grafen Anton Günther von Oldenburg fielen die Grafschaften Oldenburg und Delmenhorst an Dänemark und Holstein-Gottorp. 1667 wurde Graf Anton I. erster Statthalter des Dänenkönigs. Als solcher ließ er einen Damm durch die unzugängliche Wapelniederung bei Varel bauen und verkürzte damit den Reiseweg nach Oldenburg. Es entstand der „neue Weg", das heutige Neuenwege bei Varel. Graf Anton Günther verstarb 1681. Die dänische Hoheit blieb bestehen. Noch im Todesjahr des Grafen Anton I. ließ der Dänenkönig Christian V. Varel beschlagnahmen und der oldenburgischen Landeshoheit unterstellen. In Varel baute der Dänenkönig an der Jade eine Seefestung mit Stadtcharakter und dem Namen „Christiansburg". Anton II. von Aldenburg (Oldenburg), der inzwischen auf Schloß Doorwerth bei Arnheim aufwuchs und dort auch erzogen wurde, hat die dänischen Maßnahmen bezüglich der Herrlichkeit Varel bereits 1706 anerkannt. Seine einzige Tochter Charlotte Sophie heiratete mit 17 Jahren den Reichsgrafen Wilhelm von Bentinck. Die Ehe war nicht glücklich, bereits sieben Jahre später waren die Eheleute wieder geschieden.

Unter dänischer, holländischer und französischer Herrschaft

Graf Anton I. von Aldenburg (Oldenburg) starb 1681. Charlotte Amelie de la Tremouille war bereits fünf Monate nach ihrer Heirat Witwe und sah sich dänischen Gebietsforderungen gegenüber. Vergeblich protestierte die Witwe gegen die Beschlagnahme der Stadt Varel durch den dänischen König Christian V. Er unterstellte Varel der oldenburgischen Landeshoheit.

Christian V. wollte nunmehr aus Varel einen Kriegshafen machen, große Pläne und Zeichnungen lagen bereits vor. Bald darauf wurde mit den Arbeiten begonnen. Zuerst sollte nach dem Vorbild der Zitadelle von Kopenhagen am Hafen zu Varel eine riesige Befestigungsanlage, die Christiansburg, entstehen. Obwohl die Bauarbeiten damals zügig vorangingen und Burg sowie Stadtkern der Seefestung fertiggestellt waren, traten akute Versorgungsprobleme durch die beginnende Verlandung der Schiffahrtswege auf. Das Militär und die Arbeiter waren nicht in der Lage, das Fahrwasser freizuhalten, die Logistik war unterbrochen, denn die für den Weiterbau der Anlage benötigten Baumaterialien blieben im wahrsten Sinne des Wortes im Schlamm der Jade stecken. Mühsam mußten sie künftig über Land mit Pferdegespannen zum Vareler Siel an den Hafen gebracht werden. Die Dänen kapitulierten vor der Natur und ließen die Burg teilweise schleifen. Kasernen, Pulvertürme, Brücken und Tore wurden abgebaut, die anderen baulichen Überreste später öffentlich auf Abbruch versteigert.

Charlotte Amelie de la Tremouille brachte acht Monate nach dem Tod ihres Gatten ihren Sohn, Anton II. von Oldenburg, zur Welt. Wie schon beschrieben, wurde Anton II. bei Arnheim in Holland erzogen. Von hier aus betrieb Anton II. später energische Anstrengungen, um die Grafschaft Varel zurückzugewinnen. Die Streitigkeiten darüber mündeten bald in Verhandlungen. Im Jahre 1693 wurde der viel umstrittene Aldenburgische Traktat beschlossen, der mit großen Einbußen und Verlusten für das Geschlecht der Aldenburger verbunden war. Unter Vorbehalt der oldenburgischen Landeshoheit durften die Aldenburger dennoch die Edle Herrschaft Varel behalten. Graf Anton II. setzte nun mit viel Geschick eine Änderung der aldenburgischen Erbfolge durch. 1706 wurde die Änderung der Erbfolge ratifiziert, aber erst 1731 in Kraft gesetzt. Nunmehr konnten auch weibliche Nachkommen aus dem Aldenburger Geschlecht erben. Graf Anton II. von Aldenburg starb 1738.

Ein Großfeuer in Varel im Jahre 1751 vernichtete 28 Häuser sowie den kompletten Linksflügel des Schloßgebäudes. Wertvolle Gemälde, Keramiken und Teppiche sowie die Bibliothek des Grafen Anton wurden ein Raub der Flammen. Ein Abdruck des berühmten Oldenburger Sachsenspiegels konnte vor dem Feuer bewahrt werden.

Die Edle Herrschaft Varel sah in der Folgezeit viele Herrscher und Regenten. Es regierten der Graf Christian Friedrich Anton von Bentinck, seine Witwe Maria Katharina, ihr Sohn Wilhelm Gustav Friedrich. Wilhelm sah sich 1806 den holländischen Truppen gegenüber, die Varel kurzerhand besetzten. Wenige Jahre später, man schrieb das Jahr 1811, übernahmen französische Okkupanten die Herrschaft über Varel. Graf Wilhelm Gustav Friedrich von Bentinck wurde Maire von Varel. Es war eine schlimme Zeit, die Bevölkerung rebellierte und suchte den Aufstand. Es kam, wie es kommen mußte. Der Aufstand gegen die Besatzungstruppen wurde niedergeschlagen. Graf Bentinck geriet in französische Gefangenschaft. Als er 1814 entlassen wurde und kurze Zeit später heimkehrte, stand der Graf als armer Mann seinen Verwandten gegenüber, denn die Oldenburger verweigerten die Herausgabe seiner Besitzungen. Nach dem Tod seiner ersten Frau heiratete Graf Bentinck die in Steinhausen ansässige bürgerliche Sarah Margarethe

Helm und Schild mit dem Aldenburger Grafenwappen über der Eingangstür des Waisenstiftes Varel zeugen noch heute von der Grafenherrschaft im späten Mittelalter. Die Knorpelornamentik hat holländische Stilmerkmale.

Gerdes. Mit dieser Hochzeit im Jahre 1816 legte der Graf die Anlage zum späteren Erbstreit der Familie Bentinck, dessen Geschichte allerdings ein dickes Buch füllen würde. Mehrere Gerichte wurden bemüht, es wurde verhandelt und intrigiert. Der Erbstreit endete schließlich 1854 mit einem Vergleich. Das Bentincksche Familienfideikommiß fiel für alle Zeiten unwiderruflich an das Herzogtum Oldenburg. Die Bentincks wurden mit zwei Millionen Goldthalern entschädigt.

Zu erwähnen ist noch, daß Graf Gustav Adolf von Bentinck 1847 die große Vareler Windmühle an der heutigen Mühlenstraße errichten ließ. Sie gilt mit ihren 39 Metern – bei aufrecht gestellten Flügeln gemessen – als größte Windmühle in Norddeutschland. Varel besaß zur damaligen Zeit insgesamt neun Windmühlen, darunter zwei sogenannte Bockwindmühlen. Letztere Art ist die älteste Form einer Windmühle. Das hölzerne Gehäuse mit den segeltuchbespannten Flügeln ist auf einem massiven Balkenblock drehbar gelagert. In den Wind gedreht wurde eine solche Mühle mit Hilfe eines Balkens, der vom Kappenrand bis auf den Erdboden reichte.

Der Vareler Hafen stand in seiner Blütezeit. Segel- und Dampfschiffe vieler Nationen lagen vor Anker oder an den Piers. 1857 liefen allein 650 Schiffe den Vareler Hafen an, unter den damaligen Umständen und Bedingungen mehr als eine navigatorische Meisterleistung der Steuerleute und Schiffskapitäne. Mitte des vorigen Jahrhunderts wurde dann auch die „Jade-Dampfschiffahrts-Aktiengesellschaft“ (JDAG) in Varel mit regelmäßi-

Graf Anton I. von Aldenburg, Edler Herr zu Varel und Kniphausen (1633–1680), ließ 1671 in der Herrlichkeit Varel ein Waisenhaus aus Backsteinen errichten. Die alte Inschrift über dem Portal: „Quid retribuam Domino" (etwa: „Etwas möchte ich dem Herrn zurückgeben") zeugt von der Dankbarkeit des Grafen Anton gegenüber seinem Gönner und Förderer, Graf Anton Günther von Oldenburg.

gem Passagier- und Frachtenverkehr zwischen Varel und Großbritannien gegründet. Seit dem 1. Mai 1858 besitzt Varel die Stadtrechte.

Leider ist im Jahre 1871 der Schloßabbruch verfügt worden. Heute erinnern nur noch die Schloßkirche, Teile der heutigen Hafenschule sowie die Namen „Schloßstraße" und „Marienlustgarten" an vergangene Zeiten.

Die Stadt Varel: Vom Bauerndorf zum Luftkurort am Jadebusen

Wie bereits erwähnt, geht der älteste Hinweis auf Varel auf eine päpstliche Urkunde zurück, in der dem Kloster Rastede Schenkungen bestätigt werden. Hier wird erstmalig der Hof „Farle" genannt. Varel war schon wesentlich früher eine der vier Thingstätten der Rüstringer. Es gehörte zuerst zum friesischen Viertel von Bant, später zu Rüstringen und hatte eine Sendkirche sowie einen Häuptlingssitz aufzuweisen.

Mit Einsetzen des 18. Jahrhunderts setzte in Varel eine gewerbliche Entwicklung ein, die das bis dahin eher ländlich anmutende Gemeinwesen umgestaltete und die Ortsbedeutung steigerte. Am Vareler Siel entstand der erste befestigte Hafen, der sich in der Folgezeit zum bedeutendsten Hafenplatz an der oldenburgischen Küste entwickeln sollte.

Die Reproduktion nach einer alten Postkarte zeigt die damalige Kirchhofstraße, heute Hindenburgstraße, in Varel um 1904.

Zur gleichen Zeit wurden eine neue Schule und eine Zuckerfabrik gegründet. Der Marktplatz mit dem Namen „Neumarkt" wurde angelegt und ein regelmäßig stattfindender Wochenmarkt im Zentrum der Stadt abgehalten. 1818 wurde die erste Tageszeitung, der „Gemeinnützige", gedruckt. Um 1800 registrierten die Behörden 3.000 Einwohner.

Nach der allgemeinen Wirtschaftskrise, sie hielt bis etwa 1830 an, folgte in Varel eine rasche industrielle Aufwärtsentwicklung. Bis 1860 entstanden in der Stadt drei Baumwollspinnereien, drei Webereien, ein Eisen- und ein Walzwerk, eine Maschinenfabrik und mehrere Tabakfabriken. Ziegeleien, Leder- und Seifenfabriken und zahlreiche Handwerks- und Gaststättenbetriebe waren vorhanden. 1855 zählten die „Innungen und Zünfte" fast 1.200 arbeitende Menschen in Varel. Der Vareler Hafen, hier entstand eine Schiffswerft, wurde als Hochwasserbecken mit eigener Schleuse betrieben. Die Hafenbehörden zählten 1857 über 640 Schiffe im 1847 erbauten, nicht mehr tideabhängigen Hafen.

Die Vareler Einwohnerzahl stieg in den fünf Jahren der konzentrierten Wirtschaftsentwicklung von 1853 bis 1858 um etwa 31 Prozent auf 5.100 Personen. Davon waren etwa acht Prozent in der Landwirtschaft, in der Industrie und im Handel sowie im Verkehr 70 Prozent beschäftigt. Die restlichen 22 Prozent verteilten sich auf andere Berufsspar-

Der damalige Marktplatz in Varel mit der Börse im Hintergrund ist in der Struktur wenig verändert worden. Es fehlen die alten Lindenbäume.

ten. Zur gleichen Zeit wurde die sogenannte „Fleckensverwaltung“ mit dem Ziel eingeführt, daß sich das gemeindliche Leben „freier entwickeln möge“. So bildeten Ortsvorsteher und Ortsausschuß die Verwaltung, die für bessere Infrastrukturmaßnahmen sorgte. Es wurden neue Wege und Straßen gebaut, die Landstraße nach Oldenburg war 1839 fertig, es folgte 1846 der Straßenbau nach Jever, der ab 1844 einen regelmäßigen Postdienst mit sich brachte. Das Schulwesen expandierte, 1841 entstand die Höhere Bürgerschule, 1846 eine Industrieschule zur Ausbildung in Handfertigkeiten industrieller Produktion. Das Hauptzollamt am Hafen, die Telegraphiestation wurden eingerichtet, die katholische Kirche erbaut. 1843 soll der noch heute bestehende Handels- und Gewerbeverein in Varel (Werbe-Gemeinschaft Varel e.V.) gegründet worden sein.

Am 1. Mai 1856 wurde der Flecken Varel, dessen Verwaltung aus dem Ortsvorsteher und dem Ortsausschuß bestand, zur Stadt zweiter Klasse erhoben. Im Jahre 1858 folgte die Erhebung in die erste Klasse. Sie war damit nach heutigen Begriffen eine kreisfreie Stadt und somit der oldenburgischen Regierung unmittelbar unterstellt. Die städtische Entwicklung ging weiter, Straßen und Wege wurden weiter gebaut, die Straßenbeleuchtung wurde Wirklichkeit. 1912 gründete die Stadt ein Elektrizitätswerk, 1914 das stadteigene Wasserwerk mit dem Wasserturm an der Oldenburger Straße. Schon ab 1903 ist die Kanalisation ausgebaut worden, eine städtische Fäkalienabfuhr nahm ihre Tätigkeit auf,

Das alte Rathaus in Varel, heute steht an der Stelle das Gebäude der Landessparkasse zu Oldenburg, mußte damals städtebaulichen Planungen weichen. Reproduktion nach einer Postkarte von 1910.

Blick auf den Vareler Schloßplatz um 1910 mit dem Germania-Denkmal im Vordergrund. Der Schloßplatz ist mehrfach umgestaltet worden. Nur noch wenige Details erinnern an die alte Zeit.

und neue Bebauungspläne sind durch den Magistrat der Stadt Varel verabschiedet worden.

1905 erfolgte die Gründung der „Hansa"-Automobilwerke, die den wirtschaftlichen Aufschwung in der Stadt noch verstärkte. Die Einwohnerzahl stieg auf 8.500 Personen, davon arbeiteten allein 1.200 Personen bei der Automobilfabrik, deren eigenwillige Fassade – von Architekten als schützenwertes Industriedenkmal eingestuft – noch heute den Betrachter entzückt.

Abriß der Geschichte der „Hansa"-Automobilfabrik und des Wasserwerks in Varel

Eine wechselvolle Geschichte hat das 1911 auf den Fundamenten einer alten Eisengießerei erbaute „Hansa"-Haus an der Neumühlenstraße hinter sich. Zuerst Automobilfabrik, dann Produktions- und Lagerstelle für Wehrmachtsgüter und später Verwaltungsgebäude der Standortkommandantur Varel – später Standortverwaltung Varel –, ist das Gebäude seit vielen Monaten „ohne Leben", denn als letztes Kontingent gingen die Mitarbeiter der Standortbekleidungskammer im Zuge der Dienststellenauflösung nach Wilhelmshaven. Nur die in der Friesland-Kaserne beschäftigten Arbeiter und Fachhandwerker durften bleiben, unterstehen aber Wilhelmshaven. Dem architektonisch eigenwilligen Bau mit der optisch halbrunden Straßenfassade droht möglicherweise der endgültige Abriß. Das Bundesvermögensamt in Wilhelmshaven wird irgendwann die Liegenschaft zum Verkauf ausschreiben. Was dann aus dem Gebäude wird, weiß bisher keiner zu beantworten.

Die Reproduktion, sie stammt aus einem Korrespondenzpapier, verdeutlicht anschaulich die Größenordnung der „Hansa"-Automobilwerke nach den Gründerjahren. Zeitweilig waren in Varel über 1.000 Beschäftigte in der Produktion tätig.

Im Jahre 1912 produzierten im „Hansa“-Gebäude 300 bis 350 Arbeiter und Angestellte das mittlerweile legendäre Hansa-Automobil unter der Firmierung „Hansa-Automobil-Gesellschaft zu Varel in Oldenburg.“ Ein Jahr später waren es bereits 500 Beschäftigte, die bei der „Hansa“ in Lohn und Brot standen. Gleichzeitig stieg in Varel die bisherige Einwohnerzahl von 3.000 auf 8.000 Bürger. Wegen der weiteren Ansiedlung von Arbeitern entschloß sich daher die Autoproduktionsgesellschaft Wohnhäuser an der nach dem Mitbegründer des Autowerkes, Franz Koppen, benannten Straße und dem dortigen Platz nahe der Hafenstraße zu fördern. Bis 1930 produzierte die „Hansa“-Fabrik Automobile der verschiedensten Modelle für den innerdeutschen und den europäischen Markt. Der Siegeszug Vareler Autos war bis zum genannten Zeitpunkt durch nichts aufzuhalten. Eine Aktienverkaufstransaktion der Mehrheitsaktionärin Schröder-Bank in Bremen an Carl F. W. Borgward beendete letztendlich das Kapitel der Automobilgeschichte in Varel. Bald danach übernahm das Deutsche Reich das ehemalige Autowerk mit seinen Räumlichkeiten und Lagerhallen. In dem als Außenstelle der Kriegsmarinewerft Wilhelmshaven deklarierten Militärstützpunkt werkelten dienstverpflichtete Arbeiter und Angestellte sowie Beamte an der Teileproduktion für den Luftschutzsektor bis zur Kapitulation des

Vom Architekten als „schützenswertes Industriedenkmal“ eingestuft, ist das Gebäude der ehemaligen „Hansa“-Automobilfabrik mit der eigenwilligen Halbrundform noch heute erhalten. Es ist 1911 auf den Fundamenten einer ehemaligen Eisengießerei gebaut worden. Später Reichseigentum, war es zuletzt Verwaltungsgebäude der Standortverwaltung Varel.

Großdeutschen Reiches im Jahre 1945. Vorübergehend diente dann das Gebäude der alliierten Besatzung als Unterkunfts- und Gerätelager. Nach dem Abzug der Besatzer waren bis 1960 verschiedene Firmen im „Hansa"-Gebäude etabliert, bis das Haus mit den dazugehörigen Liegenschaften vom Bundesvermögensamt wieder übernommen und 1961 als Verwaltungsgebäude und Lager der Standortkommandantur, später Standortverwaltung Varel, eingerichtet wurde. Mit zeitweise bis zu 100 Beschäftigten – sie setzten sich aus Arbeitern, Angestellten und Beamten zusammen – war die Wehrverwaltung bis Ende 1994 für die in Varel stationierten aktiven Heeresbataillone und militärischen Geräteeinheiten sowie verschiedene Sicherungs- und Versorgungseinheiten mit dem Marinemunitionsdepot Zetel zuständig. Als personalaktenführende Dienststelle war die Behörde arbeits- und tarifrechtlich zuletzt für fast 300 Beschäftigte verantwortlich. Nach der Dienststellenauflösung übernahm ab Januar 1995 die Standortverwaltung Wilhelmshaven die Aufgaben der StOV Varel, wie die Bundeswehrverwaltung immer im Volksmund genannt wurde. Damit ging eine über dreißigjährige Wehrverwaltungsgeschichte in der Garnisonsstadt Varel für immer zu Ende.

Geschichtlich bedeutungsvoll ist für die Stadt Varel auch die damals *„bahnbrechende und eigenständige Entwicklung des Wasserwerkes"* gewesen, die an dieser Stelle als Beispiel ebenfalls beschrieben wird. Noch heute ist die Stadt Varel mit dem eigenen Wasserwerk, dem hochaufragenden Wasserturm an der Oldenburger Straße, unabhängig in der Gebrauchs- und Trinkwasserversorgung vom alles beherrschenden Oldenburgisch-Ostfriesischen Wasserverband (OOWV) mit Sitz in Brake an der Unterweser.

Weil die Stadt Varel auf einem bis zu vierzehn Meter über dem Meeresspiegel aufragenden Geestausläufer liegt, war die Trink- und Gebrauchswasserversorgung Mitte des 19. Jahrhunderts aus Flachbrunnen und Regenwasserzisternen für die Haushalte mehr als ein Lotteriespiel, denn selbst Tiefbrunnen der damaligen Zeit führten kaum Wasser und waren oft versiegt. Waren sie gefüllt, war das darin enthaltene Naß für den menschlichen Genuß nicht geeignet. Zitat aus einer schriftlichen Abhandlung über die Wasserversorgung: *„Die Brunnen sind in der Folge zunehmender Verseuchung des Untergrundes nicht immer einwandfrei."* Ausgehend von den damaligen Verhältnissen war es notwendig, eine zentrale Trink- und Gebrauchswasserversorgung in Varel zu schaffen.

Die Schrift kritisierte auch die fehlenden Bademöglichkeiten für die Bevölkerung und bemängelte im gleichen Atemzug den Wassernotstand für Feuerlöschzwecke sowie den akuten Wassermangel bei der Vareler Industrie. Am mit Gossen- und Regenwasser gefüllten Spülteich in Varel, errichtet für die Brandbekämpfung im Stadtkern, mäkelten die Befürworter eines „künstlichen Wasserwerkes" ebenfalls herum. Er wurde schlicht und einfach *„mit seiner Ansammlung von Straßenunrat als eine große Belästigung für die Anwohner"* dargestellt. Im übrigen sei die Wasserstelle zu abgelegen, denn das Löschwasser müsse mit einem Gespann auf fahrbaren städtischen Wassertonnen zur Brandstätte gebracht werden, heißt es abschließend in dem Papier.

Schließlich brachte der Magistrat der Stadt Varel 1896 die ersten Planungsphasen für ein Wasserwerk am Rande der Stadt auf die Beine. In jahrelangen Vorbereitungen durch un-

Der Vareler Wasserturm ist 1913 erbaut worden und galt damals als „bautechnische Sensation“ mit einem Innenteilskelett aus „von der Marine geprüftem Bunkerbeton“ und einer danach aufgelegten Klinkerverkleidung. 42 Meter hoch, führen genau 220 Stufen zur Aussichtsplattform. Reproduktion nach einem Privatfoto (60er Jahre).

zählige Amtsstuben folgten die Ausschreibung eines Architektenwettbewerbs für das Wasserwerkgebäude, viele *„aufklärende Vorträge und Besprechungen mit Magistratsverantwortlichen"* und bald darauf konkrete Versuchsbohrungen in Feld und Flur am „Bäker"-Areal in Waldnähe.

Bei der Kostenkalkulation im Planungsvorfeld gingen der Magistrat und die Finanzkommission auf das Umfrageergebnis von 855 Haushalten ein, denn nur 365 davon waren bereit, den „wassertechnischen Anschluß über ein Rohrnetz mit dem Wasserwerk" zu riskieren. Der Wasserpreis für einen Kubikmeter Haushaltswasser (etwa 100 Eimer) sollte bei 30 bis 40 Pfennigen und für Gewerbewasser bei 15 bis 20 Pfennigen liegen. Die Preiskalkulationen für das Wasserwerk beliefen sich inzwischen auf 300.000 Mark, wobei die Planer für das erste Betriebsjahr des Wasserwerkes mit weiteren 400 Anschlüssen bei 11.234 Metern Stadtrohrnetzlänge spekulierten. 36 Straßenzüge mit insgesamt 342 Anschlüssen lagen der magistratlichen Betriebskostenrechnung letztendlich „aufgeschlüsselt vor".

Dennoch gingen nach der Planungsphase einige Jahre in das Land. Erst im März des Jahres 1912 erlangten die Baupläne für das Wasserwerk eine neue Aktualität. Der städtischerseits ausgeschriebene „künstlerische Wettbewerb" für Architekten und Baumeister erbrachte 159 Einsendungen. Den ersten Preis, dotiert mit 800 Mark, gewann der Bremer Architekt Alfons Becker. Jetzt ging es Schlag auf Schlag! Schon im August 1913 erfolgte die Grundsteinlegung für den 54 Meter hohen Wasserturmbau mit angelehntem Wohngebäude für den Wasserwerksmeister. Sechs Monate später konnte das Vareler Wasserwerk „mit seinem öffentlichen und monopolartigen Charakter" seiner Bestimmung übergeben und in Betrieb genommen werden. Errichtet mit einem aus Stahlbeton bestehenden Innenteilskelett, verblendet mit Steinen der Firma Brummund aus Varel, hatte das „künstliche Wasserwerk" die Stadt Varel 400.000 Mark gekostet.

In den fünfziger Jahren übernahm die Energieversorgung Weser-Ems (EWE) „verwaltungsmäßig" das Vareler Wasserwerk und das stadteigene Gaswerk und ist seither für die technische und kaufmännische Administration der erstgenannten Einrichtung zuständig. Das Gaswerk wurde wenig später stillgelegt und demontiert. Die schwarz gestrichenen Gasometer, die Steinkohlevorräte und die Wasserdampfwolken der Koksschütte nach der Leuchtgasgewinnung sind heute bereits Geschichte.

Eine städtische Arbeitsgemeinschaft aus politischen Mandatsträgern, Wasserwerkausschuß genannt, ist verantwortlich für alle Beschlußfassungen in Sachen „Wasserwerk". Die demokratische Institution setzt beispielsweise EWE-Vorschläge von Reparatur- und Instandsetzungsmaßnahmen in die Praxis um. 1974 waren es ca. 50 Kilometer Rohrnetzleitung mit 2.861 Anschlüssen, heute sind es nach Angaben des Ausschusses rund 60 Kilometer Leitung mit 3.514 Anschlüssen in Varel und Umgebung bei steigender Tendenz.

Das Rohwasser in Varel kommt aus fünf Bohrbrunnen, die im sogenannten „Bäker"-Gebiet in einer Tiefe von 35 Metern in sandigen Schichten liegen. Hydrologische Gutachten für die Ausweisung von Trinkwasserschutzzonen sind zur Sicherung der vorhandenen Grundwasserqualität erforderlich. Über Unterwasserpumpen gelangt das Rohwasser aus den Brunnen in die Wasseraufbereitungsanlagen des Wasserturmes und wird nach den Richtlinien der DIN 2000 – Leitsätze für die Trinkwasserversorgung – über verschiedene Filter- und Reinigungsverfahren später als fertiges Trinkwasser bevorratet. Je nach der physikalischen, chemischen, bakteriologischen und biologischen Wasserbeschaffenheit können die Aufbereitungsverfahren unterschiedlich sein. Qualitätsstörende Stoffe wie Eisen und Mangan sowie die als aggressiv für Leitungsrohre geltende Kohlensäure haben in der Vareler Wasseraufbereitungsanlage keine Chance. Sie werden „ausgefiltert", wobei die Kohlensäure im Spezialarbeitsgängen mit Hilfe von Sauerstoff „ausgeblasen" wird.

In der letzten Aufbereitungsstufe im 42 Meter hohen Turm angelangt, wird das vorbehandelte Trinkwasser über den Durchlauf alkalischen Filtermaterials von restlichen Eisen- und Manganspuren, noch vorhandener Kohlensäure sowie Ammonium und Nitriden getrennt. Dort erfolgt auch noch eine geringe „Aufhärtung" des Trinkwassers nach deutschen Härtegraden (dH), wobei das Vareler Trinkwasser immer noch „als weich" einzustufen wäre.

Überwacht wird letztendlich die Wasserqualität durch das in Oldenburg ansässige Landes-Hygiene-Institut. Vierteljährlich geben vier Wasserproben – je eine Roh- und eine Reinwasserprobe aus dem Wasserwerk an der Oldenburger Straße und zwei Rohrnetzproben – Aufschluß über den Reinheitswert des „Vareler Bäkersprudels", dessen Produktion auch noch den Bestimmungen des Lebensmittelgesetzes entsprechen muß.

Zitat aus der DIN 2000: *„Trinkwasser soll seiner Herkunft nach appetitlich sein und nach seiner äußeren Beschaffenheit zum Genuß anregen. Es soll daher farblos, klar, kühl, geruchlos und von gutem Geschmack sein."* Das Vareler Trinkwasser erfüllt alle geforderten Voraussetzungen und gilt daher als Trinkwasser bester Qualität.

Der Wasserturm in Varel

Der Vareler Hafen ist im Ursprung mehr als 400 Jahre alt

Die Entstehungsgeschichte des Vareler Hafens ist mit den naturgeschichtlichen Ereignissen der Region eng verbunden. Orkan- und Sturmfluten veränderten und gestalteten die Küste, schufen in Jahrhunderten den weit bis nach Süden über Varel hinausreichenden Jadebusen. Bedingt durch den ständigen Rhythmus von Ebbe und Flut, bildeten sich im Wattenmeer breite und tiefe Priele, die späteren Fahrrinnen für die Schiffahrt. Obwohl schon im Jahre 1595 nachweislich Kähne und Plattbodenschiffe im damaligen Vareler Siel festmachten – die in Chroniken nachzulesende Bezeichnung „Schipstäte" ist dafür ein Beleg – begann der eigentliche Hafenbeckenausbau mit dem daraus resultierenden Deichbauwesen um Varel erst viel später.

Als der Wapeler Groden in der Nähe von Varel 1733 bedeicht wurde, kostete es allein 4.435 Thaler, das neue Sielbauwerk in Varel herzurichten. Erst danach ließ der Vareler Graf direkt am Siel einen Lösch- und Ladeplatz für Schiffe einrichten. Dieses für Varel historische Datum ging zwar in die Geschichte ein, doch das Hafenbecken sollte erst viel später in den Jahren 1852/1853 entstehen. Schon 1847 hatten die Vareler Kaufleute sowie die Industriellen darauf gedrängt, in den neu zu erstellenden Deich statt des üblichen

Die alte Vareler Sielschleuse ist von 1847 bis 1977 als Einfahrt in den Vareler Hafen in Betrieb gewesen. Noch heute erinnern in der Innenstadt aufgestellte Teile an die Sielschleuse mit dem Text: „Spill, Schott un Boom van de ole Vareler Slüüs. Van 1847 bit 1977 weer se us Door na See to."

Die alte Sielschleuse mit dem Mudderprahm. Aufgenommen bei Ebbe um 1930. Reproduktion nach einer Privataufnahme, Autor unbekannt.

Sieles eine offene Schleuse einzubauen, deren Tore bei Sturmflutgefahr geschlossen werden konnten. Der Durchlaß für die Schiffe in der sogenannten „europäischen Fahrt" hatte einen Tiefgang von 12 Fuß und eine Breite von 28 Fuß. Nach dem Verfall des alten Sieles verlegten die Verantwortlichen den Schiffsanlegeplatz in Richtung Varel weiter in das Binnenland. Aus dem damaligen Vareler Siel, ein Zusammenfluß der Nordender und Südender Leke, entstand der Hafen von Varel.

Um die kostenträchtige Baumaßnahme realisieren zu können, hatte Reichsgraf von Bentinck eine auf den Hafenausbau fixierte Interessengemeinschaft gegründet. So gelangten kurz darauf im Auftrag der „Sozietät" Aktien mit einem Nennwert von 100 Thalern auf den Markt. Bis 1852 füllte sich die Hafenbaukasse mit 12.000 Thalern. Weitere 21.000 Thaler steuerte die Sielacht und noch einmal 12.000 Thaler das Großherzogtum Oldenburg bei. Die Spenden beliefen sich auf 5.700 Thaler. Weiter wurde eine Anleihe getätigt, die wenig später als Beitrag der Stadt Varel – es waren 8.000 Thaler – öffentlich deklariert wurde. Alles in allem schlug allein der Hafenausbau mit rund 47.000 Thalern zu Buche.

Weil der Bedarf der Vareler Industrie an Rohstoffen ständig anstieg, nahm der Schiffsverkehr von und nach Varel im gleichen Ausmaß zu. Roheisen, Kohle, Baumwolle, Getreide und Holz erreichten auf dem Seewege Varel. Ziegelsteine, Eisenwaren, Tücher, Vieh und landwirtschaftliche Produkte dagegen wurden ausgeführt. Im Jahre 1845 legten in Varel nach amtlichen Protokollen 281 Schiffe an, von denen 38 aus England, fünf aus Norwegen und je eins aus Holland, Frankreich und Schweden kamen. Der Seehandel blühte. Varel wurde Sitz des niederländischen Konsulats, und mit einer Rücklage von 21.000 Thalern entstand in Varel das erste Dampfschiffunternehmen, das bereits 1847 Vieh aus Norddeutschland über See nach Großbritanien ausführte. Neue Einfuhrgüter wie Kaffee, Zucker, Tabak und Tran erreichten über See den Zielhafen Varel. Exportiert wurden Neuwaren wie Zigarren, Twiste, Gewebe, Öle und Seifen. Nach wie vor bildeten die Masten der Segelschiffe das Panorama im Vareler Hafen, doch die Schlote der kohlebefeuerten Dampfschiffe verkündeten bereits die Wende in der Handelsschiffahrt.

Schon bald mußten die Verantwortlichen erkennen, daß der Hafen in der alten Dimension dem Schiffsverkehr nicht mehr gewachsen war. Deshalb wurde 1857 der Hafen mit den Beiträgen der Regierung (21.000 Thaler) und der Stadt Varel (5.000 Thaler) zum sogenannten Hochwasserhafen, unabhängig von Ebbe und Flut, weiter ausgebaut und teilweise erweitert. Jetzt folgte eine rasche Aufwärtsentwicklung. Die bereits vorhandenen Einrichtungen wurden weiter „technisiert", dem aufkommenden Maschinenzeitalter angepaßt, und eine amtliche Gebührenordnung für den Hafenbetrieb trat in Kraft. Es folgte die Einrichtung des Seemannsamtes, und von 1888 bis 1894 hatte Varel sogar eine amtliche Schiffsvermessungsbehörde. Die hafenansässige Reederei verfügte inzwischen über 25 eigene Schiffe. Der Schiffbau in Varel setzte ein, und bereits 1857 registrierten die amtlichen Stellen 651 eingelaufene und 412 ausgelaufene Boote und Schiffe. Seeschiffe vieler Nationen zeigten im südlichen Teil des Jadebusens Flagge und Wimpel. Mit dem Einzug des technischen Zeitalters fand auch eine Revolution in der Seeschifffahrt statt. Mit Kohle befeuerte und mit Dampfmaschinen angetriebene Schiffe der neugegründeten Jade-Dampfschiffahrt AG kreuzten nun auch im Wattenmeer. 1865 zählten die Hafenbeamten 532 Schiffe in Varel, die insgesamt 14.807 Lasten (1 Last etwa zwei Tonnen) anlandeten. Die Zahl der auslaufenden Schiffe betrug im gleichen Zeitraum 810 Seefahrzeuge, die 15.210 Lasten ausführten. Von 1855 bis 1916 wurden im Vareler Hafen 2.028 einlaufende Schiffe registriert, danach brachte der Erste Weltkrieg den Schiffsverkehr in Varel fast zum Erliegen.

Den Ausgaben des Hafenbetriebes von 37.726 Reichsmark standen in den Jahren 1908 bis 1920 nur noch 16.866 Reichsmark an Lastgeldeinnahmen gegenüber. Der Handelshafen Varel war praktisch in wenigen Monaten bedeutungslos geworden. Nur die gewerbliche Fischerei, der Muschelschillfang und die Sandbaggerei konnten sich am Hafen behaupten. Recht anschaulich berichtet Henk in seinem Buch „Die Geschichte der Stadt Varel" von 1920 über die Situation am Hafen. Dort ist unter anderem nachzulesen: *„Nach der Gründung des Reiches wurden die Hafengebühren neu geregelt, und sie setzten sich zusammen aus Hafengeld, Kajengeld, Krahnengeld, Backengeld und Lagergeld. An Verbesserungen nennen wir die 1913 erfolgte Einführung der elektrischen Beleuchtung.*

Der Hafen, der aus dem Binnentief, der Innenschleuse, dem Hafenbecken mit Kajen und Lagerplätzen besteht, ist staatlich, wird aber unter städtischer Verwaltung und Aufsicht betrieben. Im übrigen ist, aus sehr natürlichen Gründen, seine Bedeutung immer gerin-

Die neue Vareler Dockschleuse ist 1977 fertiggestellt worden und hinsichtlich der Größe für sogenannte „Europa-Schiffe" konzipiert. Bei geschlossenen Toren kann der Hafen, unabhängig von den Gezeiten, als Hochwasserbecken genutzt werden.

Blick von der neuen Dockschleuse in Richtung Hafen. Fast 2.000 Meter Fahrrinne führen dorthin. Links im Bild die alte Rinne.

ger geworden. Der moderne Seeplatz bedarf zur Erschließung des Hinterlandes großer Wasserstraßen bis ins Landesinnere, und es ist gewiß kein Zufall, daß Bremen an der Weser ebenso von Hamburg am Elbstrom übertroffen wird, wie es Emden an der Ems übertrifft. Diese Voraussetzungen fehlten in Varel völlig, und die Massen der Stapelgüter werden umso weniger nach hier zu lenken sein, als das Land Oldenburg im Osten seiner ganzen Länge nach von der Weser bespült wird. Die Reederei, die nach dem Jahrbuche der Reedereien von 1904 noch vier Schiffe mit 315 Tonnen zählte und also schon ganz unbedeutend war, ist inzwischen erloschen, heute ist kein Schiff mehr in Varel beheimatet. So muß die Geschichte des Vareler Hafens inmitten des aufblühenden Gemeinwesens mit Entsagung geschrieben und mit Entsagung gelesen werden.“

Obwohl der Hafen in der Folgezeit große Einbußen hinsichtlich seiner wirtschaftlichen Bedeutung hinnehmen mußte, hielten die Verantwortlichen den Betrieb am Lade- und Löschplatz mit großen Investitionen aufrecht. Wenig später siedelten sich immer mehr Betriebe am Hafen an. Boots- und Schiffswerften, Maklerbüros und Agenturen, Fischerei- und Handwerksbetriebe, amtliche Dienststellen und sogar Ziegeleien zählten zum geschäftigen Bild des Vareler Hafens. Selbst eine Fabrik, die „Granat-Guano“ herstellte, hatte am Vareler Hafen die Produktion aufgenommen. In dem von E. Winckler 1867 veröffentlichten „Technisch-chemischen Recept-Taschenbuch“ heißt es wörtlich: *„Die Firma Denker & Comp. hat eine Fabrik bei Varel an der Jade errichtet, in welcher die kleinen Krebse, die in großer Menge an der Nordseeküste leben, zu einem Dünger verarbeitet werden. Diese Thiere werden auf eisernen Platten so lange gedörrt, bis man sie unter aufrecht laufenden Mühlsteinen zu einem feinen Pulver zermahlen kann. Man erhält dadurch einen Dünger in einer Form, wie er am besten zum Gebrauche für den Landwirth angewendet werden kann.“* Nach ähnlichen Fertigungsmethoden arbeiteten kleinere Fischmehlproduzenten direkt am Vareler Siel, denn dort wurde der von den Fischereifahrzeugen angelandete sogenannte „Gammel“ – untermaßige Fische, Krebse und Krabben – gedörrt und gemahlen. Auch hochwertiges Knochenmehl ist unter ähnlichen Umständen am Vareler Hafen längere Zeit produziert worden.

Trotz aller Unkenrufe stieg der Güterumschlag am Vareler Hafen wieder, größere Schiffseinheiten steuerten den Sielhafen an. 1964 löschten die Schiffe in Varel 32.259 Tonnen Sand und Kies, rund 100.000 Tonnen Muschelschill, 2.386 Tonnen Koksschlacke und annähernd eintausend Tonnen Garnelen und Seefische. Sandbagger, Krabben- und Fischkutter sowie Frachterkapazitäten bestimmten das Panorama am Hafen. Die Februarflut 1962 noch deutlich in Erinnerung, machten sich die Vareler Ratsherren für den Neubau einer Seeschleuse mit angeschlossenem Sielbauwerk für die Entwässerung stark. Nach Ansicht der Mandatsträger war der Schleusenbau aufgrund der erforderlichen Deichsicherheit, den gestiegenen Anforderungen der Seeschiffahrt im Zusammenhang mit der hafengebundenen Industrie und der Entwässerung notwendig geworden.

Jahre gingen in das Land, die Verhandlungen um den Bau der neuen Seeschleuse waren in ein entscheidendes Stadium getreten. Endlich konnte am 17. November 1975 die erste Spundbohle für das neue Bauwerk eingerammt werden. Fast zwei Jahre später war

Der Krabbenkutter „Sturmvogel“ bei Ebbe im Vareler Siel vor dem ehemaligen Leuchtturmwärterhaus. Etwa eintausend Meter dahinter stand der Vareler Leuchtturm, der über Jahrzehnte den Schiffsführern den Weg durch das Wattengebiet nach Varel wies.

das Werk vollendet. Am 15. September 1977 passierte das erste Schiff die neu errichtete Seeschleuse mit den gewaltigen Ebb- und Fluttoren. Mehr als acht Millionen Mark waren verbaut und für das Sielbauwerk mit der Dockschleuse ausgegeben worden. Seit 1977 ist der Zweckverband „Vareler Hafen“ als Verwaltung für den Hafenbetrieb verantwortlich. Das Organ besteht zu gleichen Teilen aus Vertretern des Landkreises Friesland und der Stadt Varel.

Heute sind am Hafen zwei Metallverwertungsbetriebe, eine Spedition und ein Mineralölhandel, mehrere Gaststätten- und Restaurationsbetriebe, zwei Bootswerften, ein Yachtbauunternehmen, zwei Maschinenbaubetriebe, ein Schiffshydraulikbetrieb, ein Betonhersteller, eine Sand- und Kiesbaggerei, vier Fischereibetriebe und mehrere Fischräuchereien, eine Bootslagervermietung sowie verschiedene Imbiß- und Fischverkaufsläden ansässig. Über 200 Beschäftigte sorgen dafür, daß das wirtschaftliche Leben am Hafen pulsiert. Gleichwohl muß die Stadt Varel jedes Jahr um die 100.000 Mark Zuschuß an den Zweckverband überweisen. „Für uns ein reiner Zuschußbetrieb“, kommentierte kürzlich ein städtischer Beamter die wirtschaftliche Lage des Zweckverbandes „Vareler Hafen“.

Vorstandsvorsitzende der „Interessengemeinschaft Vareler Hafen e.V.“ wissen um die Nöte des Zweckverbandes, sehen aber eine gesunde Aufwärtsentwicklung am Vareler

Hafen für die Zukunft als gegeben an. Zitat eines Mitgliedes: „Unsere Gemeinschaft wurde 1988 gegründet, um positiven Einfluß auf die Geschehnisse am Hafen zu nehmen.“ Danach versteht sich der Verein als Mittler zwischen dem Zweckverband und der Stadt Varel und hat diesbezüglich auch schon Pläne für den Vareler Hafen der Zukunft vorgelegt. Die 70 Mitglieder der Gemeinschaft wollen unter anderem den Fremdenverkehr am Hafen intensivieren und dabei die Belange „Freizeit und Gewerbe“ koordinieren.

Als ein Eldorado für Freizeitkapitäne bezeichnen die Vareler Skipper den Hafen mit seiner fast 2.000 Meter langen Fahrrinne und den wassersportlich nutzbaren Seitenarmen. Der 1968 gegründete Wassersportverein Varel mit seinen 270 Mitgliedern verfügt am Hafen über 140 Liegeplätze für Segel- und Motorboote. Daneben unterhalten die Wassersportler am Ort ein Club- und ein Jugendheim mit sanitären Anlagen, die auch für auswärtige Gäste und Skipper nutzbar sind. Mit 119 eigenen Segel- und Motorbooten am Hafen präsent, dokumentiert die Gemeinschaft die Bedeutung dieser Freizeitsparte.

Nur die gewerbliche Fischerei am Vareler Hafen ist stark zurückgegangen. Waren es in den fünfziger Jahren noch 21 Kutter, sind es heute nur noch wenige Fischer, die, in einer Genossenschaft organisiert, dem Fisch- und Krabbenfang im Jadebusen nachgehen. Nach wie vor zeigen die Fischereifahrzeuge „Helga“, „Sturmvogel“, „Hein Godewind“, „Falke I“ und „Jan Maat“ am Vareler Hafen Korb und Flagge und bieten fangfrische Krabben, Seezungen, Schollen und Aale an.

Der Vareler Hafen in der heutigen Zeit. Sportboote, Fischereifahrzeuge und kleine Frachterkapazitäten prägen das Hafenbild.

Die Christiansburg

Im oldenburgisch-ostfriesischen Küstengebiet gab es im frühen Mittelalter die Grafschaften Oldenburg-Delmenhorst und Ostfriesland. Nach Quellen aus der Oldenburgischen Geschichte bestand die Grafschaft Oldenburg von etwa 1150 bis zum Tode des Grafen Anton Günther von Oldenburg im Jahre 1667. Danach wurde aus der Grafschaft das Herzogtum Oldenburg.

Bereits vor seinem Tod konnte der Graf das Amt Varel aus den Grenzen der Oldenburgischen Grafschaft ausklammern und seinem Sohn, dem Grafen Anton I. von Aldenburg, übergeben. Obwohl noch unter oldenburgischer Landeshoheit, war Varel dadurch eine eigenständige Grafschaft geworden. Doch die Oldenburger hatten die Rechnung ohne die Erben gemacht, die in Dänemark als Monarchen residierten. Bisher hatte König Friedrich III. von Dänemark die Erbschaftsteilung an den Reichsgrafen Anton I. von Aldenburg nie angetastet. Doch jetzt wollte sein Sohn, Christian V., das Land an sich binden. Nach Unterlagen jener Zeit versuchte Christian sogar, das für einen Kriegshafen vorgesehene Areal am Jadebusen zu kaufen. Zahllose Intrigen, Ränkespiele und Verhandlungen machten deutlich, daß sich die dänische Regierung um ein Erbteil betrogen fühlte.

Lageplan der Christiansburg am Vareler Hafen, von den Baumeistern des Dänenkönigs nach französischen Vorbildern nachgezeichnet. Die Burg war geprägt durch den militärischen Verteidigungsring sowie die sternförmige Straßenführung mit Zentrumszielrichtung. Die Gesamtanlage hatte mehr als 700 Meter Durchmesser. Reproduktion nach einer Karte des Niedersächsischen Staatsarchives Oldenburg (Archivnummer: Best. 298 Z, Nr.: 833).

Die Brücke über die Nordender Leke am Vareler Hafen steht auf historischem Boden. Bis hier reichten die Umwallungen und Wassergräben der Christiansburg in Varel.

Endlich ergab sich im Jahre 1681 für den König Christian V. aufgrund des Erbrechtes die Möglichkeit, die Stadt Varel am Jadebusen ohne militärischen Einsatz von Truppen mit einem politischen Handstreich zu nehmen. Zur Unterstützung wurden über dreihundert Mann vom Dänischen Kavallerie-Regiment der Garnison Oldenburg nach Varel verlegt. Sie galten als erste Vorhut für das Bauvorhaben Christiansburg, denn die Truppen biwakierten im Freien und mußten erste Bauarbeiten verrichten. Es entwickelte sich ein reges Soldatenlagerleben, unter dem hauptsächlich die Bevölkerung von Varel zu leiden hatte. Um seine Besitzansprüche an das Amt Varel nach außen zu dokumentieren, ließ Christian V. von Dänemark im gleichen Jahr den Bau der Christiansburg am Vareler Hafen in die Tat umsetzen. Neben Soldaten mußten Hilfswillige aus der Bevölkerung gedungen werden. Zeitweise waren mehrere hundert Menschen im Arbeitseinsatz. Selbst die Einsprüche der Witwe des Grafen Anton I. konnte den Dänenkönig nicht von seinem Plan abbringen. Er offerierte seine gegenteilige Meinung in einer Erklärung, in der es unter anderem heißt, *„daß zu Anlegung der neuen Festung vorbesagte Gegend am bequemsten befunden, gleich aber dieses Vorhaben bloß und allein zur ohnumgänglichen defension und securität der Grafschaften und deren inkorporierten Landen, damit diesselben gegen alle ohnvermutliche Zufälle, so viel wie möglich, gesichert seyn mögen, angesehen ist“.*

Französische und dänische Baumeister hatten auf dem Papier die Festung bereits nach Vorbildern des Königs Ludwig von Frankreich entworfen. Die Festung wurde als große sechseckige Anlage skizziert, die nicht nur militärisch, sondern auch zivil genutzt werden sollte. Propagandaaufrufe und schriftliche Proklamationen des Dänenkönigs versprachen aufbauwilligen Bürgern und Handwerkern noch nie dagewesene Privilegien und Sonderrechte. Mitten im Zentrum der Burg sollten die Bürger Häuser bauen, dort wohnen, einem Handwerk nachgehen oder Handel betreiben. Sternförmig angeordnete Hauptstraßen im Innern der Festung führten direkt zum Mittelpunkt, einem sechseckigen Platz mit verschiedenen Teilbereichen. Jeder Bereich hatte Platz für zwei Häuserblöcke, der beliebig bebaut werden konnte. Der zivile Innenbereich war von einem Ring militärischer Gebäude mit doppelten Wallanlagen sowie Wasserzügen umgeben. Über Zugbrücken wurde der Zugang zur Festung gesichert. Skizziert waren für das Militär zehn Unterkunftsbaracken, neun Pulverlagerräume mit Turmcharakter, mehrere Wachlokale, ein Proviant- und Zeughaus sowie die Kommandantenzitadelle. Schon 1682 wurde nachweislich in der Festungskirche der Christiansburg am Vareler Hafen der erste Gottesdienst abgehalten.

Nach Dokumenten der damaligen Zeit entstand die Seefestung um die Schiffsanlegestelle „Vareler Siel" herum. Im Westen bildeten die Nordender und die Südender Leke eine natürliche Grenze. Beide Wasserläufe liefen in der Anlage zusammen, bildeten also im Osten des Burgzentrums die Schiffsanlegestelle mit dem Sieldurchlaß in den Jadebusen, Ausgangspunkt für die Entwässerung und die Seeschiffahrt der Christiansburg. Durch die Bauarbeiten entstand aus der bisherigen Anlegestelle im Festungsinnern ein Seehafen. Das Hafenbecken war 1.000 Fuß lang (296 Meter) und 105 Fuß breit (31 Meter). Bedingt durch das verschließbare Sieltor sollte das Becken nach dem Willen der Planer immer Wasser führen, also unabhängig von Ebbe und Flut bleiben. Das Jadefahrwasser war für die Schiffahrt mit Pricken, Baken und Tonnen versehen. In der Nacht brannten sogenannte „Schienfatts", mit Öl und Tran gefüllte Holzbottiche, die als Leuchtfeuer eine willkommene navigatorische Hilfe für die Schiffsführer waren.

In der Regel waren es flachbodige Schiffe mit großem Ladevolumen wie Tjalken und Ewer, die Varel mit Baumaterialien für die Festung ansteuerten. Holz, Torf, Steine, Schlengenbüsche sowie Verpflegung für die Arbeiter und Soldaten der Baustelle Christiansburg erreichten oft auf dem Seeweg den Vareler Siel, während die Einwohner nach wie vor unter der Fremdherrschaft litten. Sie mußten teilweise hohe Kontributionen an den Dänenkönig zahlen und durften gleichzeitig „für wenig Geld" Lebensmittel liefern sowie Holz und Stroh zur Verfügung stellen. Offiziere und Corporale der Dänentruppen bezogen Quartiere bei den Vareler Bürgern. Darüber hinaus blieben Zechgelage mit Raufereien und Prügeleien nicht aus. Der Kerker in der Burg hatte schon bald die ersten Insassen, die im Bau befindliche Christiansburg ihre eigenständige Gerichtsbarkeit.

Obwohl die Oldenburgische Kriegskasse die Einwohner des Amtes Varel und der Vogteien Schwei, Jade, Bockhorn und Zetel die Lieferungen für die Seefestung mehr schlecht als recht bezahlte, rebellierte die Bevölkerung unterschwellig gegen die Dänen. Gekauftes Baumaterial aus Bremen mußte mit Pferdegespannen nach Varel gebracht werden. Tonnenweise kamen auf diese Art und Weise Eisen, Stahl, Holz, Torf und Kohle in die Jadefestung. Als die Bauarbeiten nicht schnell genug vorangingen, ließen die Vasallen des Königs in Varel und der Friesischen Wehde sowie der Wesermarsch weitere 300 Mann für Bauarbeiten ausheben.

Doch alle Mühen um den Festungsbau waren vergeblich. Zwar standen Burg und Stadt, zwar herrschte pulsierendes Leben im Zentrum der Christiansburg, aber die Seefahrer bemerkten zuerst das drohende Unheil. Bedingt durch Ebbe und Flut verschlammte der Hafen, der lebensnotwendig für den Fortbestand der Gesamtanlage war. Selbst flachbodige Schiffe konnten aufgrund der extremen Verschlammung die Seefestung nicht mehr erreichen. Als bereits über 300.000 Reichstaler für das Projekt ausgegeben waren, entschloß sich zwölf Jahre nach dem Baubeginn die dänische Regierung, das Gesamtprojekt Christiansburg aufzugeben. Schließlich erfolgte am 19. September 1694 durch die Vormundschaft des unmündigen Grafen Anton II. von Aldenburg nach dem Abzug der dänischen Truppen die öffentliche Versteigerung der Baulichkeiten der Seefestung Christiansburg. Für 2.237 Taler soll nach urkundlichen Berichten der Käufer Johann Brunken aus Varel den Zuschlag erhalten haben. Innerhalb von zwei Jahren wurde die nicht mehr nutzbare Seefestung geschleift. Bereits 1696 sind durch Abbrucharbeiten die letzten Mauerreste entfernt worden. Viele der Baumaterialien sind nachweislich in Kirchen, aber auch in Vareler Wohnhäusern der damaligen Zeit verbaut worden. Heute erinnern nur noch einige Erderhöhungen im Bereich der Nordender und Südender Leke am Vareler Hafen an die Christiansburg und die fast dreizehnjährige Geschichte der Fremdherrschaft der Dänen.

Amt Varel um 1791. Gut dargestellt sind die Siele rund um Varel.
Der Kartenausschnitt wurde vom CCV koloriert.

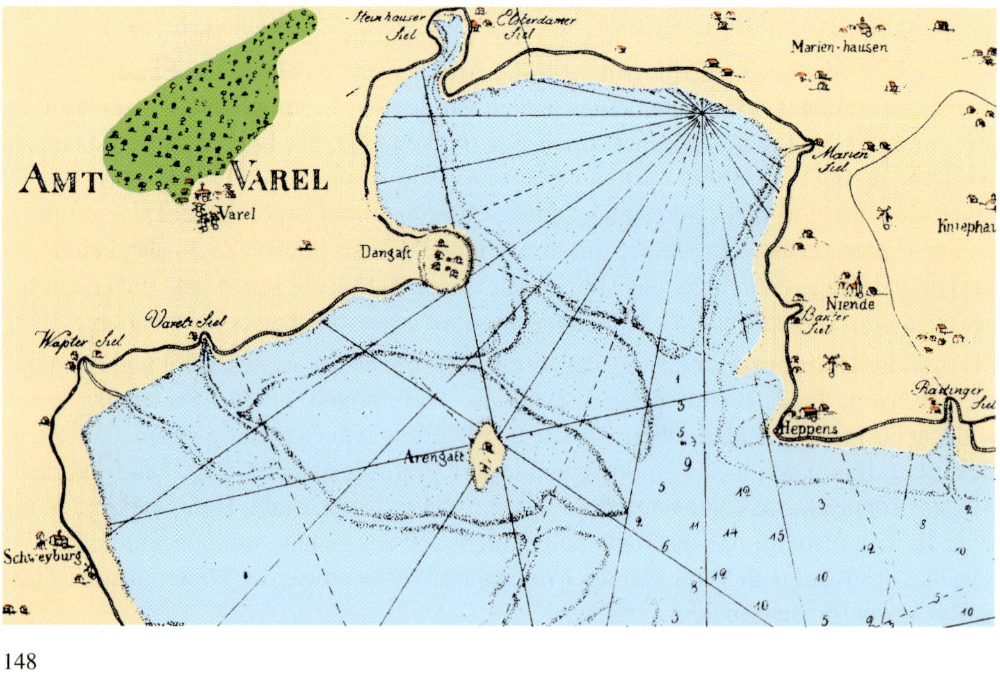

Darstellung der Herrschaft Varel mit der Christiansburg-Ruine.
Ausschnitt aus einem Stahlstich von ca. 1850, koloriert vom CCV.

Quellen- und Literaturverzeichnis

Allmers, H.: Die Unfreiheit der Friesen zwischen Weser und Jade, Varel/Oldenburg 1896.

Arends, F.: Physische Geschichte der Nordseeküste, Emden 1833.

Benninga, E.: Chronik von Ostfriesland, Emden 1723.

Buma, J.: Das Rüstringer Recht, Göttingen 1963.

Coldewey, D.: Wilhelmshavener Heimatlexikon, Wilhelmshaven 1986 (H. Gießler, T. Murken, W. Reinhardt, W. Schrader).

Coldewey, D.: Daten zur Geschichte des Landes zwischen Ems und Jade, Wilhelmshaven 1976.

Egidius, H.: Sturmfluten und versunkene Kirchspiele, Varel 1983.

Egidius, H.: Heimatkundliche Beiträge Nordwest-Zeitung (Nordwest-Heimat), Wilhelmshavener Zeitung (Heimat am Meer), Jeversches Wochenblatt (Friesische Heimat), Historienkalender Jever, Ostfriesland Magazin, Norden.

Egidius, H.: Mariensieler Flugplatzgeschichte, mehrere veröffentlichte Abhandlungen in Heimatbeilagen von Tageszeitungen/Magazinen.

Gierke, J.: Geschichte des deutschen Deichrechts, Breslau 1901

Gossens, J.: Friesische Geschichte, Breslau 1931.

Hafemann, K.: Kleine Chronik des Mariensiels, Neustadtgödens 1982.

Hamelmann, H.: Oldenburgische Chronik, Oldenburg 1599.

Heinrich, D.: Nordfresische Chronika, Tondern 1819.

Henk, P.: Geschichte der Stadt Varel, Varel 1920.

Jansen, J.: Historisch-theologisch Denckmahl der wundervollen Wegen Gottes in den großen Wassermassen welche sich annno 1717 den 24./25. December zu vieler Länder Verderben so erschröcklich ergossen, Buchdruck von 1722.

Kohl, D.: Geschichte des Oldenburger Landes, Bremen 1925.

Kramer, J.: Sturmflut 1962, Norden 1967.

Krüger, W.: Die Jade – Entstehung und Zustand (Jahrbuch, Hamburg 1921).

Lübbing, H.: Graf Anton Günther von Oldenburg (1583–1667), ein Lebens- und Zeitbild, Oldenburg 1967.

Meinardus, M.: Die kirchliche Einteilung des Herzogtums Oldenburg im Mittelalter, Oldenburg 1892.

Meyer, B.: Der Petershörner Siel (Examensarbeit), Varel 1953.

Meyer, E.: 250 Jahre Ellenserdammersiel, Ellenserdamm 1994.

Pape, V.: Schriften/Skizzen über das Wasserwerk Varel 1995.

Reimers, H.: Oldenburgische Papsturkunden, Oldenburger Jahrbuch, Oldenburg 1892.

Reimers, H.: Friesische Papsturkunden, Leuwarden 1908.

Richthofen, J.: Friesische Rechtsquellen, Berlin 1840.

Riemann, F.: Chronica Jeverensis, Jever 1896.

Rüthning, G.: Oldenburgische Geschichte, Oldenburg 1937.

Schroller, H.: Die Bedeutung der Wurten für die Wissenschaft, Wirtschaft und Weltanschauung, Hannover 1935.

Schultze, A.: Die Sielhafenorte, Göttingen 1962.

Schütte, H.: Die untergegangene Jadeinsel Arngast, Bremen 1907.

Sello, G.: Der Jadebusen, Varel 1903.

Sello, G.: Die Häuptlinge von Jever, Oldenburger Jahrbuch, Oldenburg 1919.

Sello, G.: Studien zur Geschichte Oestringen und Rüstringen, Varel 1898.

Tenge, O.: Der Jeversche Deichband, Jeversche Sielbauchronik, Oldenburg 1884.

Wagner, M.: Einfeltige kurtze wahrhafftige schreckliche unerhörte Historiä von denen drey Wasserfluten in Phrißland 1511, 1570, und 1577. Zeitgenössischer Bericht, Buchdruck 1580

Winckler, E.: Technisch-Chemisches Recept-Tachenbuch, 2. Band, Leipzig 1867

Woebcken, C.: Deiche und Sturmfluten, Bremen/Wilhelmshaven 1924.

Woebcken, C.: Die größten Sturmfluten an der deutschen Nordseeküste bis zum Ausgang des Mittelalters, Hildesheim 1941.

Woebcken, C.: Wanderfahrt durch Friesland, Oldenburg 1936.

Woebcken, C.: Die Entstehungeschichte des Jadebusens, Aurich 1934.

Heimatverein Varel: Schriftstücke über die Entstehung des Badeortes Dangast.

Jeversche Chronik: Zusammenfassungen von Remmer von Seediek, Jever 1520.

Jeverscher Deichband: Analen/Manuskripte von Remmer von Seediek, abgedruckt bei O. Tenge, Oldenburg 1898.

Kirchenrat Sande: 600 Jahre Sander Kirche, Sande 1951.

Niedersächsische Staatsarchive Aurich/Oldenburg: Karten, Skizzen, Schriftstücke, Urkunden und Kopien.

Tageszeitungen: Presseberichte über die „Hansa"-Automobilfabrik Varel und Standortverwaltung Varel. Nordwest-Zeitung Oldenburg, Wilhelmshavener Zeitung Wilhelmshaven, Jeversches Wochenblatt Jever.

Tageszeitungen: „Der Gemeinnützige", Einzelausgaben (1905 und 1930).

Abbildungsnachweis der im Buch veröffentlichten Karten, Zeichnungen, Fotos und Reproduktionen

Die Abbildungen auf den Seiten 33, 53, 54, 57, 58, 59, 61, 62, 63, 64, 67 oben, 71 unten, 84, 86, 89, 90, 93, 104, 108, 129, 130, 131, 132, 135, 138, 139 stammen aus dem Archiv des Verfassers dieses Buches, Hans Egidius, oder sind von Sammlern heimatkundlicher Bilder und Postkarten zur Verfügung gestellte Abbildungen, deren Quellen trotz intensiver Recherchen nicht geklärt werden konnten.

Egidius, Hans, Varel: Seiten 21 (Foto), 25 oben, 50, 51, 74, 80, 82, 96, 97, 105, 110, 116, 124, 127, 128, 133, 141, 143, 144, 146

Die Abbildungen über die „Geschichte des Jadebusens" auf den Seiten 15, 17 und 18 wurden mit freundlicher Genehmigung der Bezirksregierung Weser-Ems, Dezernat für Vermessungs- und Katasterwesen, reproduziert. Vervielfältigungserlaubnis mit Schreiben vom 28. Januar 1999 erteilt.

Archiv des Flugplatzes Mariensiel (Peter Bauer, ehem. Geschäftsführer): Seiten 67 unten, 69, 71 oben

Brigitte Behrends, Jever: Seite 10

CCV Centrum Cartographie Verlag GmbH: Seiten 1, 13, 20, 21 (Karte), 23, 75, 77, 119, 148, 149

Thomas Kossendey, Edewecht: Seiten 6, 42, 99

Bernhard Meyer, Varel: Seiten 31, 32, 83, 92

Niedersächsisches Staatsarchiv Aurich: Seite 78

Niedersächsisches Staatsarchiv Oldenburg: Seiten 28, 39, 48, 79, 85, 145

Michael Recke, Emden: Seiten 9, 27, 107

Michael Remmers, Zetel: Seiten 35, 43, 44, 45, 46, 81, 91, 107, 109, 112, 114, 115, 121, 137

Schloßmuseum Jever: Seite 37 (Original)

Anton Tapken, Dangast: Seite 101 (Original)

Viel Vergnügen in

und rund um

VARel

Stadt zwischen Wald und Meer

Fotos: Stadt Varel, CCV

Wir bauen für die Zukunft

Industriebauten
Exakt und
kompromißlos

Gewerbebauten
Präzise und völlig
standortunabhängig

Eigentumswohnungen
Eine Investition in die Zukunft

Einfamilienhäuser
Eigentum schafft Sicherheit

Innenausbau
Unsere Tischlerei
setzt Maßstäbe

Fotos: E. u. H. Brunken